Dirk Klingner

REISEFÜHRER

Pilgerrouten

Wege für die Seele

benno

Bibliografische Informationen der Deutschen Nationalbibliothek

Die Deutsche Nationalbibliothek verzeichnet diese Publikation in der Deutschen Nationalbibliografie; detaillierte bibliografische Informationen sind im Internet über http://dnb.d-nb.de abrufbar.

Mit Sorgfalt wurden Daten und Fakten dieses Reiseführers geprüft und recherchiert. Da insbesondere touristische Informationen häufig Veränderungen unterworfen sind, kann für die Richtigkeit der Angaben keine Gewähr übernommen werden. Für Hinweise und Verbesserungsvorschläge ist der Verlag dankbar.

Besuchen Sie uns im Internet:
www.st-benno.de

Gern informieren wir Sie unverbindlich und aktuell auch in unserem Newsletter zum Verlagsprogramm, zu Neuerscheinungen und Aktionen. Einfach anmelden unter www.st-benno.de.

ISBN 978-3-7462-4336-8

Texte: Susanna Endres (SE), Patricia Fritsch (PF), Dirk Klingner (DK)
Umschlaggestaltung: Ulrike Vetter, Leipzig
Umschlagabbildungen: © magann/fotolia, © Peter Hilger/fotolia, © Dieter Hawlan/fotolia
Gesamtherstellung: Ufer Verlagsherstellung, Leipzig (A)

Inhaltsverzeichnis

Mönchsweg

Von Bremen durch das nördliche Niedersachsen Richtung Hamburg, weiter ein Stück an der Elbe entlang und dann von Glückstadt quer durch Schleswig-Holstein zur Ostseeinsel Fehmarn führt der im Jahr 2007 eröffnete Mönchsweg. Der 525 Kilometer lange Radfernweg verbindet rund 100 Kirchen miteinander und möchte die Ausbreitung des Christentums in Norddeutschland deutlich machen.

Bremen, Dom St. Petri

Seit 2014 beginnt der Mönchsweg am St.-Petri-Dom in der Hansestadt Bremen. Direkt neben dem Rathaus steht der Dom, mit dessen Bau man im Jahr 1042 begann. Bei Ausgrabungen fand man die Überreste des ersten steinernen Domes, der auf das Jahr 805 zurückgehen soll. Karl der Große hatte nach der Niederwerfung der Sachsen das Gebiet an der Wesermündung dem hl. Willehad als Bistum zugewiesen. Der in England geborene Willehad missionierte seit etwa 772 in Friesland und an der Unterweser. Er ließ sich in Bremen nieder.

Von Bremen führt der Weg am Flüsschen Wümme entlang. Einen Abstecher lohnt die Kirche des 1232 gegründeten Klosters Lilienthal. In Horstedt, knapp 50 Kilometer nach dem Start, lädt der Bibelgarten zu einem

Besuch ein. Thematisch geordnet führen die 13 Stationen von der Schöpfung bis zu Jesu Auferstehung. Nun sind es noch etwas mehr als 20 Kilometer bis nach Zeven. Im Zentrum der Stadt befindet sich das 1141 hierher verlegte Benediktinerinnenkloster mit der Kirche St. Viti, im Mittelalter eine bedeutende Wallfahrtskirche. Die Reformation hatte auf das Kloster keinen Einfluss. Erst die Schweden hoben 1651 das Kloster auf.

Zeven, St. Viti

Hinter Zeven führt der Mönchsweg durch den urwüchsigen Naturwald Braken. Nach rund 35 Kilometern erreicht man die Kleinstadt Harsefeld. Im Museum erfährt der Besucher mehr über die Geschichte des 1102 gegründeten Klosters, dessen Fundamente in der 1980er Jahren freigelegt wurden. Erhalten blieb die Klosterkirche. Auch der Klosterpark lädt zu einem Besuch ein.

Hinter Harsefeld verändert sich langsam die Landschaft. Das weite, flache Land geht über in eine leicht gewellte Hügellandschaft, das Alte Land. Im Frühjahr verwandeln zahllose blühende Kirsch- und Apfelbäume die Gegend in ein weiß- und rosafarbenes Blütenmeer. Bei Grünendeich erreicht der Mönchsweg die Elbe und führt weiter nach Stade mit seiner historischen, vollkommen von Wasser umschlossenen Innenstadt. Weiter geht es durch die Landschaft Kehdingen an der Niederelbe nach Wischhafen. Hier setzt man mit der Fähre nach Schleswig-Holstein über, nach Glückstadt.

Im Alten Land

Stade

Glückstadt

Holsteinische Schweiz

Von Glückstadt geht es weiter über Itzehoe und Bad Bramstedt ins 130 Kilometer entfernte Bad Segeberg. Naturbelassene Flussläufe, Heidelandschaften und Wälder prägen die Gegend, in der man sich vor allem auf die Wege des Missionars und Bischofs Vicelin begibt. Auf ihn gehen die Kirchengründungen in Neumünster, Bornhöved und Bosau zurück.

Bosau, St. Petri

Bischof Vicelin

Vicelin kam um 1090 in Hameln zur Welt. In Paderborn zum Priester ausgebildet, ging er als Lehrer an die Bremer Domschule und schließlich nach Frankreich. Hier vertiefte er seine theologischen Kenntnisse und kam mit neuen Ideen in Berührung, die ein Leben in Askese und den Missionsdienst betonten. Erzbischof Adalbero von Bremen betraute ihn mit der Slawenmission, zunächst im Raum Lübeck und später im Holstengau. Vicelin starb im Jahr 1154. Nach seiner Heiligsprechung übertrug man seine Gebeine ins Chorherrenstift Bordesholm.

Geh nicht immer auf dem vorgezeichneten Weg, der nur dahin führt, wo andere bereits gegangen sind.
Alexander Graham Bell

Bad Segeberg, Marienkirche

Hinter Bad Bramstedt kann man im Staatsforst Segeberg einen Abstecher ins Kloster Nütschau unternehmen. Nach 1951 wurde hier ein Wasserschloss zu Deutschlands nördlichstem Benediktinerkloster ausgebaut. Kurz vor Bad Segeberg erreicht man wieder den Mönchsweg.
Etwas mehr als 200 Kilometer führt der letzte Abschnitt des Mönchsweges durch die Holsteinische Schweiz nach Oldenburg und Heiligenhafen bis zur Insel Fehmarn. Nach rund 45 Kilometern erreicht man Bosau. Bischof Vicelin gründete hier um 1150 mit der St.-Petri-Kirche das älteste Gotteshaus Ostholsteins. Sehenswert sind eine Granittaufe, das Triumphkreuz und der gotische Flü-

Kloster Nütschau

Kloster Cismar

gelaltar. Weiter geht es über Eutin und Neustadt in Holstein zum Kloster Cismar. Eine Reliquie des Blutes Christi machte das um 1240 gegründete Kloster zu einem bedeutenden Wallfahrtsort. Nach knapp 20 Kilometern erreicht man Oldenburg, kurzzeitig Bischofssitz. Vorbei an Heiligenhafen geht es über die Fehmarnsundbrücke auf die Insel Fehmarn. Über die Inselhauptstadt Burg mit der Nikolaikirche aus dem 13. Jahrhundert führt der Mönchs-

Fehmarnsundbrücke

weg bis zu seinem Endpunkt, dem Fährhafen Puttgarden. Von hier aus erreicht man mit der Fähre in 45 Minuten Dänemark. (DK)

Burg auf Fehmarn, Nikolaikirche

Informationen

An- und Abreise: mit Zug oder Auto nach Bremen und zurück ab Puttgarden; mit ICE (keine Fahrradmitnahme möglich!) und IC von Puttgarden nach Bremen mit Umstieg in Hamburg Hbf (3 h) oder mit Nahverkehrszügen mit Umstieg in Lübeck Hbf und Hamburg Hbf (4 h)

Entfernung: 525 km

Einteilung: individuelle Einteilung in Etappen möglich, je nach Kondition oder Zeitbudget

Profil: nur geringe Höhenunterschiede; leichte Anstiege in der Holsteinischen Schweiz

Markierung: Hinweisschilder mit dem blau-weißen Mönchsweg-Logo auf dem 2007 eröffneten Abschnitt Glückstadt-Puttgarden; der 2014 eröffnete Abschnitt Bremen-Glückstadt erhält sukzessive eine Beschilderung

Stempelstellen: Möglichkeit, in Kirchgemeinden, Unterkünften oder Gaststätten Stempel zu sammeln

Pilgerausweis: Radpilgerpass über: info@moenchsweg.de

Übernachtungen: Hotels, Gasthöfe, Ferienhäuser, Gaststätten – zahlreiche Hinweise auf www.moenchsweg.de

Literatur: Mönchsweg. Radwandern durch Niedersachsen und Schleswig-Holstein, Verlag Esterbauer GmbH, 1. Aufl. 2014 (mit zahlreichen Karten); jährliche Broschüre »Mönchsweg« mit Informationen zu Übernachtungs- und Fahrradreparaturmöglichkeiten, Download unter www.moenchsweg.de

Kontakt: Verein Mönchsweg e.V., Marienthaler Str. 17, 24340 Eckernförde, Tel.: 04351/880 55 73, www.moenchsweg.de (mit Pilgerberichten, Höhenprofilen, Hinweise auf Wanderkarten, Etappeneinteilung, Höhenprofil, Übernachtungsmöglichkeiten und Stempelstellen), e-Mail: info@moenchsweg.de

Via Baltica

Der baltisch-westfälische Jakobsweg

Die Via Baltica, der »Baltische Weg«, führt Pilger aus Skandinavien, dem Baltikum und Polen auf den Jakobsweg nach Spanien. Auf der Insel Usedom erreicht die aus dem Baltikum und weiter durch Polen führende Route Deutschland. Am Grenzübergang in Swinemünde beginnt das rund 770 Kilometer lange deutsche Teilstück des baltisch-westfälischen Jakobsweges. Skandinavische Pilger erreichen Deutschland über die Insel Rügen, Rostock oder die Insel Fehmarn.

Zunächst führt der Weg durch den Südteil der Insel Usedom und das nur 2000 Einwohner zählende Städtchen gleichen Namens. In der Nähe der Mündung der Peene in den Peenestrom erreicht man das Festland. Kleine vorpommersche Dörfer, Felder und Wälder liegen am Weg abseits der großen Hauptstraßen. Nach etwas mehr als 100 Kilometern gelangt man, vorbei an der berühmten Klosterruine Eldena, nach Greifswald. Drei mittelalterliche Kirchen prägen die Silhouette der Universitätsstadt. Von Greifswald über Grimmen erreicht man das naturbelassene Flusstal der Trebel. Kurz vor Tribsees mündet die von der Insel Rügen über Stralsund führende Abzweigung der Via Baltica in den Hauptweg. Zwischen Tribsees und Bad Sülze, rund 60 Kilometer hinter Greifswald, überschreitet der Pilger die alte Landes-

Usedom, Stadtkirche

Klosterruine Eldena

Greifswald, Marktplatz

grenze zwischen Mecklenburg und Pommern. Nach weiteren 45 Kilometern wird Rostock erreicht. Die von Slawen gegründete Siedlung erhielt 1218 das Stadtrecht und entwickelte sich zu einem bedeutenden Mitglied der Hanse. Davon zeugen die zahlreichen Kirchen und das Rathaus der Stadt.

Es kommt niemals ein Pilger nach Hause,
ohne ein Vorurteil weniger und
eine neue Idee mehr zu haben.
Thomas Morus

Trebelniederung

Rostock

Mit dem ehemaligen Zisterzienserkloster in Bad Doberan, ca. 23 Kilometer von Rostock entfernt, führt die Via Baltica an einem bedeutenden Monument der norddeutschen Backsteingotik vorbei. Zahlreiche erhaltene Ausstattungsstücke vermitteln einen Eindruck vom Aussehen einer spätmittelalterlichen Kirche. Im Hinterland der vom Tourismus geprägten Ostseeküste geht es über Alt Karin und Alt Bukow nach Wismar (etwa 65 Kilometer). Seit 2002 steht die Altstadt Wismars, die im Zweiten Weltkrieg schwere Zerstörungen erlitt, auf der Liste des UNESCO-Weltkulturerbes. Einen Besuch lohnen sowohl

Bad Doberan, Münster

Wismar, St. Nikolai

die Nikolai- als auch die erst nach 1990 wiederaufgebaute Georgenkirche.

Von Wismar über Grevesmühlen und Schönberg, lange Zeit Residenz der Bischöfe von Ratzeburg, führt die Via Baltica über die ehemalige innerdeutsche Grenze ins schleswig-holsteinische Lübeck (knapp 80 Kilometer). Mit ihren repräsentativen Großbauten zeigten die Lübecker im Mittelalter allen Besuchern den Reichtum und die Macht der Hansestadt. Die 125 Meter hohen Türme der Marienkirche überragen sogar noch den Dom, die mittelalterliche Bischofskirche. Darüber hinaus kann die Marienkirche mit dem höchsten Backsteingewölbe der Welt aufwarten, 40 Meter über dem Fußboden des Gotteshauses.

Hinter Lübeck verlässt die Via Baltica die Ostsee und führt über Reinfeld, das Benediktinerkloster Nütschau und Nahe ins rund 80 Kilometer entfernte Hamburg. Hier

Lübeck

gründete der hl. Ansgar nach 834 ein Kloster und eine Kirche. Doch schon 845 zerstörten Wikinger das alte »Hammaburg«. Ansgar verlegte daraufhin den Sitz seines Erzbistums nach Bremen. Heute ist Ansgar, der »Apostel des Nordens«, Patron des 1995 neuerrichteten Erzbistums Hamburg. Auf der Trostbrücke im Zentrum der Stadt erinnert eine Statue an ihn.

Hamburg, Ansgar-Denkmal

An der Elbe entlang führt der Weg weiter durch Hamburg bis nach Wedel. Mit einer Fähre überquert man die Elbe. Nach weiteren 20 Kilometern erreicht die Via Baltica Harsefeld. Zahlreiche Wassergräben durchziehen das von Feldern und Waldstücken geprägte Land. Bis ins knapp 70 Kilometer entfernte Bremen folgt die Via Baltica teilweise dem Mönchsweg (siehe S. 4 ff.), so in der Wümmeniederung.

Wümmeniederung

Oldenburger Münsterland

Nach der Durchquerung des Bremer Stadtgebietes mit seinem eindrucksvollen Ensemble aus Dom, Rathaus und Roland geht es weiter Richtung Süden. Bis nach Osnabrück, dem Endpunkt der Via Baltica, liegen noch etwas mehr als 135 Kilometer vor uns. Über Barrien und Harpstedt führt die Route nun nach Wildeshausen und Visbek. Hier erreicht man das katholisch geprägte Oldenburger Münsterland. Nun gelangt man nach Vechta, Lohne und Kroge. Attraktion des Franziskanerinnenklosters Kroge ist die große Weihnachtskrippe. In Südlohne lädt die St.-Anna-Klus zu einer Rast ein. Die kleine Kapelle wurde 1949 erbaut, nachdem das Gnadenbild der Mutter Mariens wiederentdeckt wurde. Ein Kreuzweg und eine Quelle gehören ebenfalls zur St.-Anna-Klus, die schon Vorläufer im frühen 16. und späten 17. Jahrhundert hatte.

Osnabrück, Domkreuzgang

Hinter Steinfeld durchquert man die Dammer Berge. Erstmals sind hier auf der Wanderung ein paar Höhenmeter zu überwinden. Vorbei am Benediktinerkloster in Damme führt der Weg durch Wälder und Moore und erreicht bei Engter den Mittellandkanal. Nun geht es durch Wallenhorst mit der historischen Alexanderkirche und der 1803 aufgehobenen Zisterzienserinnenabtei Rulle. Nach wenigen Kilometern gelangt man nach Osnabrück. Am Dom ist das Ziel erreicht. Von hier führen Anschlussrouten über Köln nach Frankreich und weiter zum Endpunkt des Jakobsweges, nach Santiago de Compostela. (DK)

Informationen

An- und Abreise: mit Zug oder Auto nach Swinemünde (Świnoujście) und zurück ab Osnabrück; mit IC von Osnabrück Hbf nach Swinemünde mit Umstieg in Berlin Hbf oder Stralsund Hbf und Züssow, weiter mit Nahverkehrszügen der Usedomer Bäderbahn nach Swinemünde (ca. 8 h)

Entfernung: 770 km

Einteilung: Vorschlag einer Einteilung in 34 Tagesetappen zwischen 10 und 35 Kilometern auf www.wandern.de/specials/jakobsweg/via-baltica.html; Pausentage einplanen

Profil: nur geringe Höhenunterschiede

Markierung: durchgehend blau-gelbe Hinweisschilder mit der Jakobsmuschel, gelbe Pfeile

Stempelstellen: Möglichkeit, den Pilgerausweis in Kirchgemeinden abstempeln zu lassen

Pilgerausweis: www.jakobus-info.de/jakobuspilger/ausweis.htm

Übernachtungen: www.jakobswege-norddeutschland.de

Literatur: Martin Simon, Gisela Johannßen, Jakobsweg Via Baltica von Usedom nach Bremen, Conrad Stein Verlag, 2. Aufl. 2014; Klaus Engel, Jakobsweg Bremen-Köln, Conrad Stein Verlag, 1. Aufl. 2013

Kontakt: Freundeskreis der Jakobswege in Norddeutschland, www.jakobswege-norddeutschland.de (mit Pilgerberichten, Literaturhinweisen und Links),
e-Mail: info@jakobswege-norddeutschland.de

Sigwardsweg

Kaiser Karl der Große gründete um 800 im Zuge der Christianisierung der Sachsen das Bistum Minden. Etwa im Jahr 1120 wurde der aus hohem sächsischen Adel stammende Sigward Mindener Bischof. Sein Geburtsjahr ist nicht bekannt. Sigward besuchte die Domschulen in Minden und Hildesheim und übte vor seiner Wahl zum Bischof das Amt eines Mindener Dompropstes aus. Der hochgebildete und weitgereiste Sigward war ein treuer

Gefolgsmann des Sachsenherzogs Lothar von Supplingenburg. So begleitete er den Herzog im Jahre 1125 auf seinem Weg zur Kaiserkrönung nach Rom. Über das Leben des Bischofs ist nur wenig bekannt. In Idensen, das zu seinen im Deistervorland gelegenen Besitzungen gehörte, ließ er sich zwischen 1129 und 1134 eine Eigenkirche erbauen, die zugleich seine Grabeskirche werden sollte. Der Sigwardsweg verbindet Minden und Idensen, die beiden wichtigsten Orte in Sigwards Leben.

Bischof Sigward

Dom zu Minden

Der im Jahr 2009 eröffnete Sigwardsweg kann in 10 Etappen als Rundweg gelaufen werden. Fünf Etappen führen von Minden nach Idensen, fünf weitere auf einer anderen Route wieder zurück. Zusammen erreichen sie eine Länge von ca. 170 Kilometern. Die Länge der einzelnen Etappen schwankt zwischen 11 und 25 Kilometern. Im südlichen Teil der Route sind auf den einzelnen Etappen größere Höhenunterschiede (bis zu 280 Meter am Tag) zu überwinden. Hingegen wird die Nordroute zurück nach Minden zunehmend flacher mit nur noch geringen Anstiegen.

Bückeburg, Schloss

Die Wanderung beginnt am historischen Dom im Zentrum von Minden. Bis ins 9. Jahrhundert zurück reichen die Anfänge der den hll. Petrus und Gorgonius geweihten Kirche. Bis 1957 erfolgte die Rekonstruktion des im Zweiten Weltkrieg bis auf die Außenmauern zerstörten Gotteshauses. In südlicher Richtung geht es an der Weser entlang über Barkhausen ins Wiehengebirge. Nach einem steilen Abstieg überquert der Pilgerweg die Weser und erreicht Hausberge, das erste Tagesziel. Weiter geht es ins Wesergebirge nach Nammen. Dieser Ortsteil der Stadt Porta Westfalica beherbergt Deutschlands älteste Fachwerkkapelle aus dem Jahr 1523. Die zweite Etappe endet in Bückeburg, bis 1946 Hauptstadt des Kleinstaates Schaumburg-Lippe. Obernkirchen heißt das nächste Tagesziel. Teile der gewaltigen Marienkirche gehen noch in die Zeit des 1167 von Bischof Werner gegründeten Augustinerinnenstiftes zurück. Am vier-

Marienkirche in Obernkirchen

ten Tag führt der mit 25 Kilometern längste Tagesabschnitt über den Bückeberg und das Dorf Rodenberg mit seiner romanischen, um 1040 geweihten Jakobuskirche nach Bad Nenndorf. Nach der Überquerung des Mittellandkanals endet die fünfte Etappe schließlich in Idensen.

Sirgwardskirche in Idensen

Idensen zählt knapp 1000 Einwohner und gehört heute zur Stadt Wunstorf. Bischof Sigward weihte seine Kirche der hl. Ursula von Köln und den 11.000 Jungfrauen, da das Bistum Minden zur Kirchenprovinz Köln gehörte. Im 17. Jahrhundert übertünchte man die wertvollen romanischen Wandmalereien mit weißem Kalk. Ende des 19. Jahrhunderts verhinderte der hannoversche Baurat Conrad Wilhelm Hase den drohenden Abbruch der Sigwardskirche, im 20. Jahrhundert erfolgte ihre grundlegende Sanierung. Dabei legte man auch die wertvolle romanische Ausmalung frei. Das Bauwerk zählt heute zu den bedeutendsten romanischen Kleinkirchen.

Auf dem Weg zu Gott stillstehen heißt zurückgehen.
Bernhard von Clairvaux

Von Idensen führt der Weg über die Rehburger Berge mit dem im Jahre 2000 bei Bergkirchen errichteten Christuskreuz nach Loccum. Mönche aus dem thüringischen Volkenroda gründeten hier 1163 ein Zisterzienserkloster. Als das Kloster nach der Reformation auszusterben drohte, nahm man auf Zeit angehende evangelische Pfarrer auf. Die Idee des evangelischen Predigerseminars war gebo-

Kloster Loccum

Horst Hirschler, der evangelische Altbischof, als Abt des Klosters Loccum

ren. Bis heute leiten Abt, Prior und Konvent das Kloster. Die Geistlichen wohnen zwar außerhalb, kommen aber regelmäßig in Loccum zusammen. Der Pilgerweg Loccum-Volkenroda (siehe S. 26 ff.) verbindet seit 2005 das Tochter- mit dem Mutterkloster.

Nun führt der Weg durch die Loccumer Heide nach Heimsen mit seiner sehenswerten Kirche aus dem 12. Jahrhundert und dann weserabwärts nach Stolzenau, dem Endpunkt des siebten Abschnittes. Weiter geht es nach Schinna mit der Kirche St. Vitus, die an das 1148 hier gegründete Benediktinerkloster erinnert. Von nun an führt der Weg in südlicher Richtung weiter über Nenndorf, auch hier gab es seit 1200 ein Kloster, nach Buchholz. Das Schloss in Petershagen, dem Ziel der neunten Etappe, wurde ab 1306 als Fluchtburg der Bischöfe von Minden errichtet. Schließlich führt das letzte Teilstück, fast immer an der Weser entlang, wieder zurück zum Ausgangspunkt Minden. (DK)

An der Weser

Minden

Informationen

An- und Abreise: mit Zug oder Auto nach Minden; ICE-, IC- und Nahverkehrszüge bis Minden Hbf

Entfernung: 170 km

Einteilung: 10 Tagesetappen zwischen 10 und 25 km

Profil: Höhenprofile aller Etappen unter www.wanderkompass.de/Deutschland/sigwardsweg.html

Markierung: durchgehend rot-weiße Hinweisschilder mit der Inschrift »Sum quod eram – nec eram quod sum« (Ich bin, der ich war, war aber nicht, der ich bin)

Stempelstellen: Kirchgemeinden oder Übernachtungsstätten

Pilgerausweis: Pilgerpass erhältlich beim Pilgerbüro (siehe Kontakt)

Übernachtungen: Hinweise unter www.wanderkompass.de/Deutschland/sigwardsweg.html sowie in den Reiseführern (siehe Literatur)

Literatur: Pilgerführer Sigwardsweg, Verlag LGN Niedersachsen, 1. Aufl. 2009; Wolfhard Winkelmüller, Pilgern im alten Bistum Minden. Unterwegs auf dem Sigwardsweg von Minden nach Idensen, Verlag CW Niemeyer, 1. Aufl. 2009

Kontakt: Pilgerbüro, Haus der Kirche, Rosentalstr. 6, 32423 Minden, Tel.: 0571/8374425, www.kirchenkreis-minden.de, e-mail: pilgerbuero@sigwardsweg.de

Pilgerweg Loccum-Volkenroda

Der 2005 eröffnete Pilgerweg verbindet die beiden ehemaligen Zisterzienserklöster Loccum und Volkenroda und folgt damit den jahrhundertealten Spuren der Mönche, die vermutlich auf ähnlicher Strecke zwischen beiden Klöstern unterwegs waren. Über 290 Kilometer führt der Weg durch eine abwechslungsreiche Naturlandschaft über das Wesergebirge, den Vogler, den Solling, das Göttinger Land und das Eichsfeld.

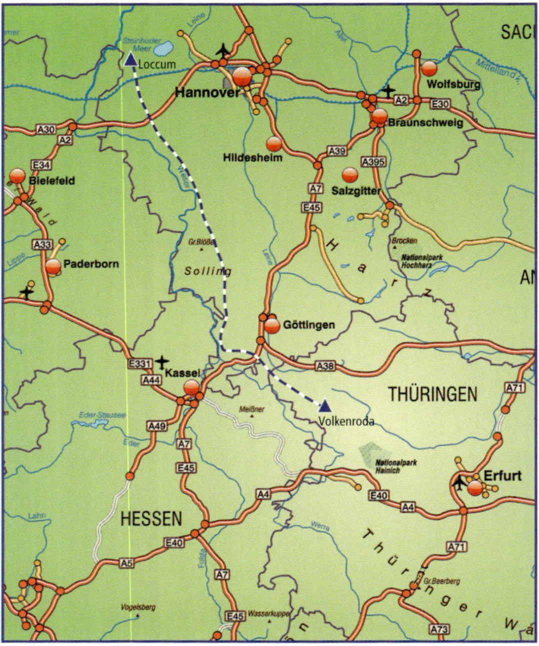

Bernhard von Clairvaux

Bernhard von Clairvaux kam um 1090 auf Burg Fontaine-lès-Dijon bei Dijon zur Welt. Der mittelalterliche Abt, Kreuzzugsprediger und Mystiker gilt als einer der bedeutendsten Mönche des Zisterzienserordens und hatte entscheidende Bedeutung für die Ausbreitung des Ordens in ganz Europa. Bernhard von Clairvaux wurde im Jahr 1174 heiliggesprochen und gilt als Patron der klösterlichen Berufungen, der Prediger und Imker.

Klosterkirche Loccum

Das Pilgermal »Anfang und Ende« beim Kloster Loccum ist Ausgangspunkt der Route. Benannt wurde das 1163 gegründete Zisterzienserkloster nach der Luccaburg. Ihre Überreste sind auf dem Weg durch den Klosterforst in Richtung Kreuzhorst, einem ehemaligen Klostergut, zu sehen. Nach etwa 15 Kilometern und einer Überquerung des Mittellandkanals erreicht man Stadthagen. Hier ist besonders die St.-Martini-Kirche sehenswert, die sich im historischen Stadtkern, umgeben von malerischen Bauwerken aus der Zeit der Weserrenaissance, befindet.

Stift Fischbeck

Hameln, St. Bonifatius

Von Stadthagen geht es etwa 19 Kilometer weiter nach Rehren, wo eine gotische Wallfahrtskapelle zur Andacht einlädt. Der weitere Wegverlauf führt durch Teile des Wesergebirges bis nach Weibeck. Hier lohnt sich ein Blick in die romanische Lukas-Kirche, deren Geschichte bis in das 11. Jahrhundert zurückreicht. Nur wenige Kilometer von Weibeck entfernt liegt das Stift Fischbeck, das 955 durch die adlige Helmburgis gegründet wurde und bis heute als evangelisches Frauenstift geführt wird.

Über Feld- und Wanderwege erreicht der Pilgerweg die bekannte Rattenfängerstadt Hameln. Direkt an der Weser liegt das Münster St. Bonifatius. Vom Kirchturm bietet sich ein beeindruckender Blick auf die Stadt. Die Route folgt nun dem Weserradweg bis zum Fähranleger Grohnde und weiter nach Hehlen. Hier lädt die barocke Immanuelkirche, die mit ihrem achteckigen Grundriss zu den ältesten protestantischen Zentralbauten Deutschlands gehört, zur Einkehr ein. Sehenswert sind außerdem das 1579 im Stil der Weserrenaissance errichtete Schloss Hämelschenburg und die romanische Dorfkirche im Ortsteil Hohe.

Immanuelkirche Hehlen

Von Hehlen aus führt der Weg weiter nach Bodenwerder, wo man der Weser etwa einen Kilometer bis nach Linse folgt. Das malerische Dorf wird durch die 1897 errichtete neogotische Liebfrauenkapelle geprägt. Über Kirchbrak und den Vogler, der anstrengende Aufstieg wird mit einem herrlichen Blick über das Weserbergland belohnt, erreicht der Pilger Amelungsborn. Das Kloster Amelungsborn ist nach dem Kloster Walkenried die älteste Gründung des Zisterzienserordens in Niedersachsen und einer der Höhepunkte des Pilgerwegs.

Die folgende, landschaftlich besonders reizvolle Wegstrecke über Silberborn, Neuhaus und Uslar nach Vernawahlshausen führt durch ein Hochmoor und mehrere Naturschutzgebiete. In Vernawahlshausen befindet sich die St.-Margarethen-Kirche mit sehenswerten spätgoti-

Hochmoor im Weserbergland

Vernawahlshausen, St. Margarethen

schen Fresken. Etwa einen Kilometer hinter Vernawahlshausen gelangt man an einen Kreuzweg, der von Kindern der evangelischen Gemeinde errichtet wurde.

Nächste Station des Pilgerweges ist das Benediktinerkloster Bursfelde. Das 1093 gegründete Kloster liegt idyllisch an der Weser und weist sehenswerte romanische Fresken auf. Über Dransfeld entlang der Langen Straße und den Badergartenweg führt die Route weiter in Rich-

Kloster Bursfelde

tung Süden, den Hohen Hagen hinauf. Auf dem weiteren Weg nach Jühnde passiert man die St. Bernhardskapelle, ein kleines rotes Haus aus Holz, dass Einheimische hier extra für den Pilgerweg aufgebaut haben. Dort bietet sich eine beeindruckende Aussicht über das südliche Göttinger Land, das Eichsfeld, den Hohen Meißner, den Kaufunger Wald, den Habichtswald und den Reinhardswald.

Aus dem Schweigen kommt alle Kraft.
Bernhard von Clairvaux

Heiligenstadt, St. Marien

Wenige Kilometer nach Jühnde überquert man die Landesgrenze nach Thüringen und gelangt in das katholisch geprägte Eichsfeld. Hier erwarten den Reisenden zahlreiche Wallfahrtskapellen und Wegekreuze. Hinter Burgwalde folgt die Route einem Stationsweg, der zur alten Opferstätte an der Bonifatiuskapelle führt. Von der Bonifatiuskapelle sind es noch ca. 13 Kilometer bis zum Heilbad Heiligenstadt, das mit seinen Kirchen und Kapellen viele Sehenswürdigkeiten bietet. Weiter geht es nach Geisleden, vorbei an der Werdigeshäuser Wallfahrts-

Wallfahrtskapelle St. Cyriakus Werdigshausen

Unstrutquelle

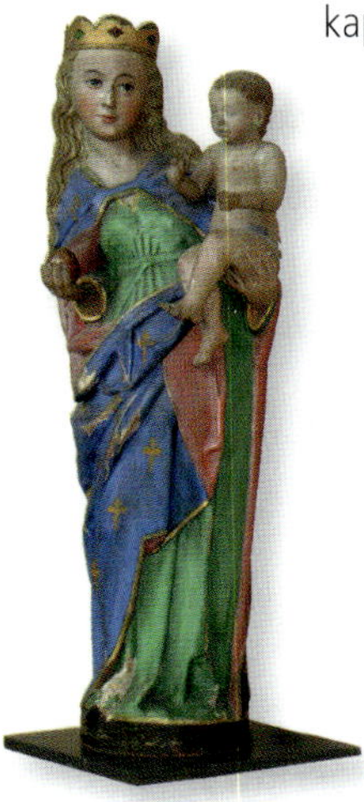

kapelle St. Cyriakus nach Kefferhausen. Hier entspringt die Unstrut, der wir bis nach Mühlhausen folgen. Via Kleingrabe gelangt man über den vier Kilometer langen Eselstieg nach Volkenroda, zum Ziel des Pilgerweges. Seit Sommer 2001 kann hier der für die Expo 2000 in Hannover erbaute Christus-Pavillon besichtigt werden, integriert in das wiederaufgebaute Kloster. (SE)

Madonna in der Klosterkirche Volkenroda

Volkenroda

Informationen:

An- und Abreise: mit Auto zum Kloster Loccum; ICE- und IC-Verbindungen bis Hannover Hbf, weiter mit Regionalzügen oder S-Bahn nach Stadthagen, weiter mit Bus 2121 nach Loccum; von Volkenroda über Mühlhausen (Bus), weiter mit der Bahn über Göttingen, Hannover und dann wie oben (4–5 Umstiege, ca. 5–6 h)

Entfernung: 290 km

Einteilung: individuelle Einteilung in Etappen möglich, je nach Kondition oder Zeitbudget

Profil: verhältnismäßig große Höhenunterschiede in der Mittelgebirgslandschaft

Markierung: Hinweisschilder mit dem Loccumer Zisterzienserkreuz

Stempelstellen: Möglichkeit, in Kirchgemeinden, Unterkünften oder Gaststätten Stempel im Pilgerpass zu sammeln.

Pilgerausweis: Bestellmöglichkeit unter www.loccum-volkenroda.de

Übernachtungen: günstige Übernachtungsmöglichkeiten in Klöstern und Pilgerherbergen (Voranmeldung erbeten); Hotels, Gasthöfe, Ferienhäuser und Gaststätten gewähren z.T. Ermäßigungen bei Vorlage des Pilgerpasses; www.loccum-volkenroda.de

Literatur: Wanderführer Pilgerweg Loccum-Volkenroda, Verlag LGN Niedersachsen, 2. Aufl. 2010

Kontakt: Haus kirchlicher Dienste der Ev.-luth. Landeskirche Hannovers, Archivstr. 3, 30169 Hannover, Tel.: 0511/1241-592, www.loccum-volkenroda.de, e-Mail: pilgerweg@loccum-volkenroda.de

Harzer Klosterwanderweg

Zahlreiche alte Kirchen und Klöster, oftmals tausend Jahre alt, prägen die Kulturlandschaft am Nordrand des Harzes. Einige von ihnen verbindet der 65 Kilometer lange Harzer Klosterwanderweg. Von Thale führt der Weg in fünf zwischen 12 und 18 Kilometer langen Etappen bis zum Kloster Grauhof nach Goslar.

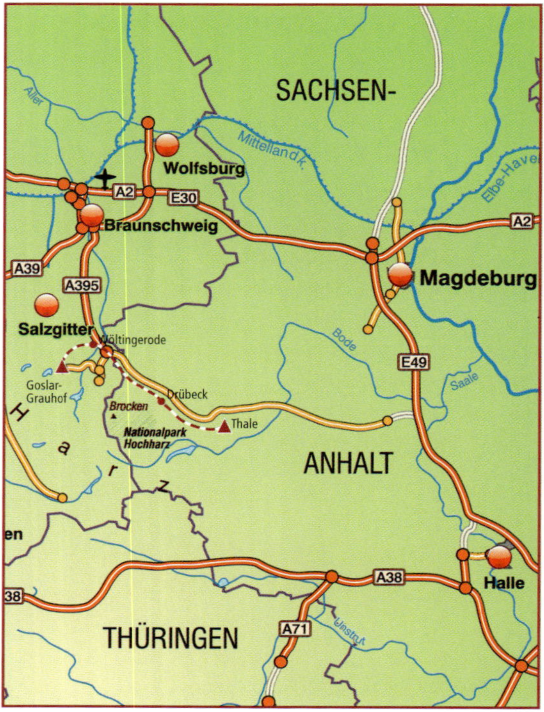

Kloster Wendhusen

Die Nordharzer Altertumsgesellschaft betreibt das Kloster Wendhusen in Thale heute als ein Zentrum für lebendige Geschichte. Dazu gehören Bogenschießen, szenische Spiele oder die Vorstellung historischer Handwerke. Um 825 gründete die im Nordharz bedeutende Adelsfamilie der Hessi das Kanonissenstift Wendhusen. Aus der Frühzeit des Klosters sind die Umfassungsmauern des Westteils der Stiftskirche bis in etwa fünf Meter Höhe erhalten. Damit findet man in Wendhusen das einzige erhaltene Beispiel karolingischer Architektur in Nord- und Mitteldeutschland. Das 1540 säkularisierte Kloster wurde später als Gut genutzt. Eine umfangreiche Ausstellung zur Geschichte des ehemaligen Stifts kann in den Räumen des ehemaligen Herrenhauses besichtigt werden.

Kloster Michaelstein

Von Thale führt der Weg immer in Richtung Westen. Nach etwa 13 Kilometern und der Durchquerung von Blankenburg (Harz) erreicht man Kloster Michaelstein,

Wernigerode, Rathaus

idyllisch abseits der Stadt gelegen. Heute hat hier die Musikakademie Sachsen-Anhalt ihren Sitz. Im Jahr 1146 wurde Michaelstein als Zisterzienserkloster gegründet. Fast 400 Jahre währte die Klosterzeit, bis 1543 der letzte Abt sein Amt niederlegte. Von den Klostergebäuden blieben Kreuzgang, Refektorium und Kapitelsaal erhalten. In den beiden neu angelegten Klostergärten wachsen rund 260 Kräuter und 100 verschiedene Gemüsepflanzen.

Immer am Wald entlang geht es knapp 12 Kilometer weiter nach Wernigerode und Hasserode. Zwischen Hasserode und Darlingerode ist das ehemalige, 1253 von Dietrich von Hartesrothe gestiftete Augustinerkloster Himmelpforte das Ziel. Nur noch einige Mauerreste und

Kloster Drübeck

Forellenteiche erinnern an die einstige Stätte gottgeweihten Lebens.

Nächste Station ist das vier Kilometer entfernte Kloster Drübeck. Otto I. gründete hier um 960 das Benediktinerinnenkloster St. Vitus, eines der ältesten Klöster im Harzgebiet. Aus dem 11. und 12. Jahrhundert stammt die dreischiffige romanische Basilika. Nach der Reformation bestand in Drübeck bis in die 1950er Jahre ein evangelisches Damenstift. Heute dient die Anlage als Tagungshaus der evangelischen Kirche.

Geh deinen Weg
und du wirst getragen.
Benedikt von Nursia

Nach wenig mehr als drei Kilometern erreicht der Harzer Klosterwanderweg das Städtchen Ilsenburg mit einem im Jahr 1018 gegründeten Benediktinerkloster. Bis zu 30 Mönche lebten im Kloster Ilsenburg, das zu den bedeutendsten Klöstern der Region zählte. Die den Apostelfürsten Peter und Paul geweihte Kirche entstand Ende des 11. Jahrhunderts und blieb ebenso wie Refektorium und Kapitelsaal erhalten.

Ilsenburg, Klosterkirche

Im Tal der Ilse

Der längste Abschnitt des Weges führt ins 18 Kilometer entfernte Vienenburg. Zunächst geht es weiter durch den Wald in Richtung Westen. Nach Erreichen des Flüsschens Ecker folgt man dem Flusslauf in Richtung Norden bzw. Nordwesten, vorbei an Stapel-

Kloster Wöltingerode

burg, Abbenrode und Lochtum. Über Vienenburg geht es weiter Richtung Westen nach Wöltingerode, 1174 von den Grafen von Wohldenberg als Benediktinerkloster gestiftet. Kurz darauf übernahmen Zisterzienserinnen das Kloster. Eine beeindruckende Bibliothek erinnert an die erste Blütezeit des Klosters. Nach der Reformation wechselte das Kloster auf Veranlassung der verschiedenen Landesherren mehrfach das Bekenntnis. Das heutige Aussehen des gewaltigen Klosterkomplexes geht auf den barocken Wiederaufbau der Anlage nach der Feuersbrunst des Jahres 1676 zurück. Die Klosterkirche vereint romanische und barocke Elemente. Im Westteil der Kirche hat man einen Konzert- und Veranstaltungsraum eingerichtet.

Etwa 11 Kilometer umfasst der letzte Abschnitt des Klosterwanderweges von Wöltingerode zum Kloster Grauhof in Goslar. Zunächst geht es weiter in Richtung Westen bis nach Immenrode und schließlich führt die Route nach Südwesten in die Kaiserstadt am Harz. In Grauhof, vor den Toren der mittelalterlichen Stadt, befand sich ein Vorwerk des Goslarer Augustinerchorherrenstiftes. Nach der Reformation siedelten die Augustiner hier noch einige Jahre bis zur Auflösung des Konvents. Als nach dem Dreißigjährigen Krieg das Hochstift Hildesheim wiederhergestellt wurde, kam Grauhof unter bischöfliche Herrschaft und erneut zogen Mönche ein. Zwischen 1701 und 1717 entstand der barocke Neubau der gesamten Klosteranlage. Die Treutmann-Orgel gehört zu den größten und schönsten barocken Orgeln in Norddeutschland. Seit der Säkularisation des Klosters im Jahr 1803 dient das Gotteshaus als katholische Pfarrkirche. In Goslar mit seiner historischen Altstadt lohnen die Kaiserpfalz und zahlreiche historische Kirchen einen Besuch. (DK)

Goslar, Kloster Grauhof

Informationen:

An- und Abreise: mit Zug oder Auto nach Thale; Fernverbindungen bis Magdeburg Hbf, weiter mit Regionalzügen nach Thale Hbf (stündliche Verbindungen, ca. 1½ h); von Goslar stündliche Regionalzüge nach Halberstadt, dort Umstieg nach Thale (ca. 1¾ h)

Entfernung: 65 km

Einteilung: 5 Etappen

Profil: relativ geringe Höhenunterschiede (zwischen 126 und 326 m)

Markierung: Hinweisschilder mit weinrotem Kreuz im Kreis

Übernachtungen: Pauschalangebote (z. B. Wandern ohne Gepäck) und Buchung von Unterkünften unter www.harzer-klosterwanderweg.de

Literatur: Download von Flyer mit Karte unter www.harzer-klosterwanderweg.de; Rad- und Wanderkarte Goslar – Bad Harzburg – Ilsenburg – Wernigerode, Verlag Publicpress

Kontakt: Tourismus GmbH Ilsenburg, Karl-Marx-Str. 1, 38871 Ilsenburg (Harz), Tel.: 039452/19433, www.harzer-klosterwanderweg.de, e-Mail: info@ilsenburg.de

Lutherweg

Der Lutherweg, ein etwa 400 km langer Rad- und Wanderweg, verbindet seit 2008 auf einem Rundkurs die beiden Lutherstädte Eisleben und Wittenberg. Mehr als 40 Stationen laden dazu ein, Luthers Wirkungsstätten und die Orte der Reformation näher kennen zu lernen.

Start- und Zielpunkt des Rundkurses ist Luthers Geburtsort Eisleben. Martin Luthers Geburtshaus (Lutherstr. 15), seine Taufkirche St. Petri und Pauli und Luthers Sterbehaus erinnern an ihn. In der Stadtkirche St. Andreas

hielt Luther seine letzte Predigt. Über Unterrißdorf führt der Weg entlang am Süßen See mit dem Schloss Seeburg, in dem Luther während des Bauernkrieges bei den Grafen von Mansfeld zu Gast war. Weiter geht es nach Höhnstädt, Zappendorf und durch die Dölauer Heide nach Halle/Saale. In der Moritzburg residierte Luthers Gegenspieler, Kardinal Albrecht von Brandenburg. Luthers Leichenweg machte in der Marktkirche Unser Lieben Frauen Station, daran erinnert eine Totenmaske des Reformators.

Eisleben, St. Petri-Pauli-Kirche

Von Halle führt der Lutherweg in nördlicher Richtung zum Petersberg. Graf Dedo IV. von Wettin gründete hier im Jahre 1124 ein Augustinerchorherrenstift als Hauskloster

Lutherrose

Schloss Seeburg

Halle, Marktkirche

und Grablege der Wettiner. Heute leben auf dem Petersberg wieder Ordensbrüder, die zur evangelischen Christusbruderschaft gehören. Richtung Südosten geht es nun über Brachstedt und Niemberg nach Landsberg. Hier sollte man den Besuch der Ende des 12. Jahrhunderts errichteten romanischen Doppelkapelle nicht versäumen. Nächste Station ist Brehna mit seiner Autobahnkirche St. Jakobus. Ursprünglich gehörte die Kirche zu einem Augustinerinnenkloster, in das Luthers spätere Ehefrau Katharina von Bora 1505 als Schülerin eintrat. Weiter führt der Weg über

Petersberg, Klosterkirche

Wittenberg, Lutherhaus

Bitterfeld, Bad Düben und durch die Dübener Heide nach Kemberg. Hier amtierte ab 1518 Bartholomäus Bernhardi als Pfarrer. Er ging 1521 als erster Geistlicher eine Ehe ein. An ihn, Luther und andere Reformatoren erinnert der erhalten gebliebene Flügel eines Cranach-Altars. Von Kemberg sind es noch knapp 20 Kilometer, bis der Lutherweg Wittenberg erreicht.

Wittenberg, Luther-Denkmal

Mit dem Namen der Stadt Wittenberg ist wie mit keinem anderen die Erinnerung an Martin Luther verbunden. Schon aus der Ferne erkennt der Besucher die stadtbildbeherrschende Doppelturmfassade der Stadtkirche St. Marien. Unter Friedrich dem Weisen erlebte die kurfürstliche Residenz eine einzigartige Entwicklung. Nach dem Neubau von Residenzschloss und Schlosskirche setzte mit der Gründung der Universität im Jahre 1502 ein Aufschwung ein, der mit dem Wirken von

Wittenberg, Schlosskirche

Martin Luther und Philipp Melanchthon seinen Höhepunkt erreichte. Vor dem prächtigen Renaissance-Rathaus aus der Mitte des 16. Jahrhunderts stehen die Standbilder Luthers und Melanchthons. Verlässt man den Marktplatz und folgt der Collegienstraße, so kommt zuerst das Melanchthonhaus in den Blick. Das schmale Haus mit dem schönen Staffelgiebel zählt zu den schönsten Renaissancebauten der Stadt. Nur wenige Meter weiter befindet sich das Lutherhaus. Bereits 1532 verschenkte der Kurfürst das alte Kloster der Augustinereremiten an Martin Luther. Die »Lutherhalle« beherbergt heute das größte reformationsgeschichtliche Museum der Welt.

Je tiefer man die Schöpfung erkennt,
um so größere Wunder entdeckt man in ihr.
Martin Luther

In Wittenberg wechselt der Lutherweg die Richtung. In westlicher Richtung geht es an der Elbe entlang Richtung Coswig. Nach dem Übersetzen über den Fluss wird der Wörlitzer Park mit der St.-Petri-Kirche erreicht. Hier predigte Luther 1532 vor den Fürsten von Anhalt. Die frühere Türmerwohnung wurde zum Bibelturm mit der Ausstellung »Zwischen Himmel und Erde« umgestaltet. Noch etwa 16 Kilometer sind es nun bis nach Dessau, der ehemaligen Residenz des Landes Anhalt. Auch in der Schlosskirche St. Marien predigte Luther mehrfach. In nordwestlicher Richtung führt der Lutherweg durch Roß-

St. Petri-Kirche Wörlitz

lau und den Naturpark Fläming Sachsen-Anhalt nach Zerbst. Bereits ab 1522 setzte sich in der im späten Mittelalter bedeutendsten Stadt Anhalts die Reformation durch. Nach ersten Bilderstürmen predigte Luther am 18. Mai 1522 im Augustinerkloster der Stadt. Noch im selben Jahr wurde ein Franziskaner erster evangelischer Pfarrer in Zerbst.

Über Steckby mit der Radfahrerkirche St. Nicolai und Aken (Elbe) geht es weiter nach Köthen, Residenz des Fürstentums Anhalt-Köthen. Fürst Wolfgang unterzeichnete 1530 das Augsburger Bekenntnis. Damit gilt sein Land als das zweite, das nach Sachsen die Reformation einführte. Ab 1717 wirkte Johann Sebastian Bach als Hofkapellmeister in Köthen. Knapp 25 Kilometer entfernt liegt Bernburg, die nächste Sta-

Dessau, Marienkirche

Wettin

tion am Lutherweg und wiederum Residenzstadt. Bis 1863 bestand hier das Herzogtum Anhalt-Bernburg. Am Schloss kann man an den »Leuchten«, zwei Runderkern, die Bildnisreliefs der protestantischen Reichsfürsten und Kaiser Karls V. entdecken. In südlicher Richtung folgt der Lutherweg nun dem Lauf der Saale über Plötzkau, Alsleben und Rothenburg nach Wettin. Über der Saale thront die Burg Wettin, Stammsitz des gleichnamigen Fürstengeschlechts. In Wettin kam 1654 der Pfarrerssohn Johann Ernst Glück zur Welt. Er ging später nach Lettland und übersetzte als erster die Bibel ins Lettische. Noch heute nennt man ihn den »Martin Luther Lettlands«. Mit der Fähre überquert man die Saale und läuft über Fienstedt und Schochwitz bis ins 14 Kilometer entfernte Höhnstedt. Hier schließt sich der Rundkurs. Nach weiteren 17 Kilometern erreicht man wieder Lutherstadt Eisleben.

Stolberg

Von Eisleben führt der Lutherweg noch weiter über Mansfeld (hier verbrachte Luther seine Kindheit) und Wippra nach Stolberg, den Geburtsort Thomas Müntzers. Der Lutherweg setzt sich in Thüringen fort, so nach Erfurt, Eisenach, Möhra, Schmalkalden oder Weimar. In Coburg berührt der Lutherweg sogar bayrisches Territorium. Auch in Sachsen gibt es einen Lutherweg, mit Stationen u. a. in Torgau, Eilenburg, Leipzig, Zwickau, Leisnig oder dem Kloster Nimbschen in Grimma. (DK)

Informationen:

An- und Abreise: zahlreiche Fern- und Nahverkehrszüge bis Halle/Saale Hbf, weiter mit Nahverkehrszügen nach Eisleben (halbstündliche Verbindungen, ca. 30 bis 45 min)

Entfernung: 400 km

Einteilung: individuelle Einteilung in Etappen möglich, je nach Kondition oder Zeitbudget (z. B. 18 Etappen zwischen 1 und 24 Kilometern von Mansfeld bis nach Wittenberg, mit je einem Tag Zeit für Mansfeld, Eisleben, Halle und Wittenberg)

Profil: in Sachsen-Anhalt nur geringe Höhenunterschiede (Ausnahmen sind die Strecke Eisleben-Stolberg und der Aufstieg auf den 250 m hohen Petersberg)

Markierung: durchgehend Hinweisschilder mit einem grünen »L« in Frakturschrift und der Inschrift »Lutherweg«

Stempelstellen: Kirchgemeinden oder Übernachtungsstätten

Pilgerausweis: für 3 € erhältlich bei der Geschäftsstelle des Lutherweges (siehe Kontakt)

Übernachtungen: Hinweise unter www.lutherweg.de sowie in den Reiseführern (siehe Literatur)

Literatur: Wandern und Pilgern auf dem Lutherweg in Sachsen-Anhalt, KKV-Verlag Nordhausen, 1. Aufl. 2011; Britta Schulze-Thulin, Der Lutherweg Eisleben-Halle-Wittenberg, Mitteldeutscher Verlag, 1. Aufl. 2009

Kontakt: Geschäftsstelle des Lutherweges, Collegienstraße 62, 06886 Lutherstadt Wittenberg, Tel.: 03491/466110, www.lutherweg.de, info@lutherweg-gesellschaft.de

Ökumenischer Pilgerweg

In der östlichsten Stadt Deutschlands, in Görlitz, beginnt der ökumenische Pilgerweg. Entlang der Via Regia verläuft der Weg durch Sachsen, Sachsen-Anhalt und Thüringen in Richtung Westen. Die Wiederbelebung der mittelalterlichen Handelsroute als ökumenischer Pilgerweg geschah im Jahre 2003 auf die Initiative einer engagierten jungen Frau hin. Die Strecke ist ein wichtiger Teil des ganz Europa durchziehenden Pilgerwegenetzes nach Santiago de Compostela.

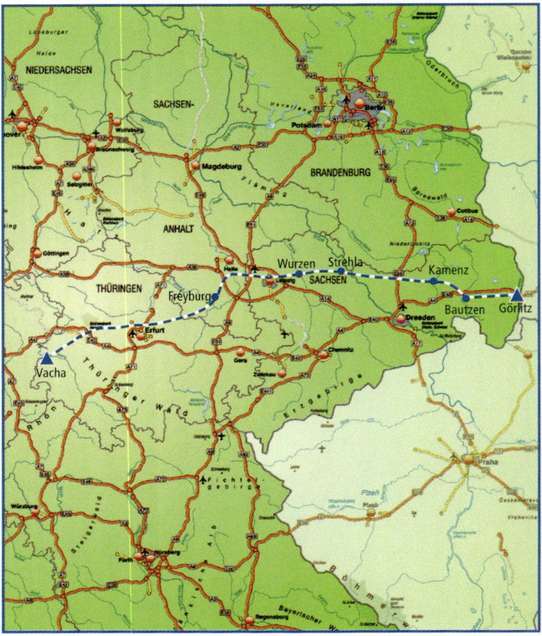

Görlitz, Heiliges Grab

Görlitz, Peterskirche

An der Görlitzer Altstadtbrücke geht der polnische Jakobsweg in den ökumenischen Pilgerweg über. Bevor man Görlitz hinter sich lässt, sollte man sich die Nachbildung des Heiligen Grabes aus dem ausgehenden 15. Jahrhundert anschauen. Über die Königshainer Berge, Buchholz, Weißenberg und durch das Naturschutzgebiet Gröditzer Skala geht es weiter nach Bautzen. Spuren sorbischer Frömmigkeit in Form von Weg-

Bautzen

kreuzen begleiten den Pilger auf dem Weg von Bautzen nach Panschwitz-Kuckau. Dort steht die seit ihrer Gründung im Jahre 1248 ununterbrochen als Kloster genutzte Zisterzienserinnen-Abtei St. Marienstern.

Haltet mich nicht auf, denn der Herr hat Gnade zu meiner Reise gegeben.

1. Mose 24,56

Auf dem Weg nach Großenhain passiert man Kamenz und Königsbrück und durchquert mit der Laußnitzer Heide einen der wohl schönsten Abschnitte des Weges. In Großenhain soll sich einst folgendes Wunder ereignet haben: Drei Tage nach seinem Tod wurde ein zu Unrecht gehängter Jakobspilger wieder lebendig – ebenso wie das Brathuhn auf dem Teller des ungläubigen Richters, der ihn fälschlicherweise verurteilt hatte.

Abwechslungsreich verlaufen die Wege durch Wald und Feld, auf Straßen und Radwegen. Bei Strehla setzt eine Fähre die Pilger über die Elbe. Das nächste größere Etappenziel ist Wurzen. In dem früheren Wohnsitz der Bischöfe von Meißen erinnern noch Jakobsplatz und Jakobsgasse an die einstigen Pilger. Eine Brücke führt über die Mulde hinaus aus der Stadt. Durch das Leipziger Umland nähert man sich aus Osten kommend der Messestadt. Unter den vielen Sehenswürdigkeiten sind für den Pilger der Besuch von Nikolai- und Thomaskirche ein Muss. Über das Rosental und dann dem Verlauf der Luppe folgend, verlässt man die Stadt Leipzig und kurz darauf

Leipzig, Thomaskirche

Sachsen. In Sachsen-Anhalt begrüßt den Pilger die Domstadt Merseburg.

Merseburg, Dom

Durch vom Tagebau veränderte Landschaften und am neu geschaffenen Geiseltaler Seenkomplex vorbei geht es zur von Weinbergen umgebenen Neuenburg bei Freyburg, wo einst auch die hl. Elisabeth lebte. Nun folgt man der Unstrut flussabwärts bis zu ihrer Einmündung in die Saale, um dort mit einer Fähre nach Naumburg überzusetzen. Naumburg hat neben dem spätromanisch-frühgotischen Dom St. Peter und Paul ebenfalls eine mit dem hl. Jakob verbundene Legende zu bieten: Im Jahr 1432, am Gedenktag des Apostels, wurde eine Belagerung der Stadt unerwartet abgebrochen – die Naumburger waren gerettet. Vor ihrem friedlichen Abzug schenkten die gefürchteten Hussiten den Kindern der Stadt sogar Kirschen, was jedes Jahr mit dem Kirschenfest gefeiert wird.

Die Neuenburg in Freyburg

Lutherstube auf der Wartburg

Via Eckartsberga und nördlich an der Gedenkstätte Buchenwald vorbei kommt man ins »thüringische Rom«. Der Pilgerweg führt über die Krämerbrücke zum Domplatz mit den Wahrzeichen Erfurts: der Severikirche und dem Dom St. Marien. Hinter Erfurt erreicht man Gotha. Hier kreuzten sich früher die Ost-West-Route der Jakobspilger mit der Nord-Süd-Route der Rompilger. Weiter verläuft der Weg über die Hörselberge, mit 458 Metern wird hier der höchstgelegene Punkt des Pilgerwegs erreicht.

In Eisenach ist die Einsamkeit waldiger Berge vorbei, denn auf der geschichtsträchtigen Wartburg tummeln sich die Touristen. Der Ort, an dem die hl. Elisabeth wirkte und Luther die Bibel ins Deutsche übersetzte, gehört zum UNESCO-Weltkulturerbe. Luther lehnte das Pilgern übrigens ab – wohl nicht zuletzt deshalb hat die Wiederentdeckung des Pilgerns durch die Protestanten erst in der letzten Zeit begonnen.

Nach Eisenach wandert man eine Zeit lang auf dem Rennsteig. Kurz vor Vacha, dem Zielort des ökumenischen Pilgerwegs, bewegt man sich auf dem ehemaligen innerdeutschen Grenzgebiet. In Vacha endet der Pilgerweg an der mit Wandmalereien aus dem 15. Jahrhundert ausgestatteten Friedhofskapelle, die ursprünglich Teil der Kirche eines Servitenklosters war. Einst brach von diesem Kloster aus der Mönch Hermann Künig von Vach nach Santiago de Compostela auf. Seine praktischen Erfahrungen und eine detailreiche Beschreibung des Weges verfasste er um 1495. Aus diesem ersten Pilgerführer in deutscher Sprache wurde ein mittelalterlicher Bestseller. (PF)

Informationen:

An- und Abreise: mit Zug oder Auto nach Görlitz; zahlreiche Fernverbindungen nach Dresden Hbf, weiter mit Regionalzügen nach Görlitz; zurück von Oberrohn mit Umstieg in Eisenach und Dresden nach Görlitz (6 h)

Entfernung: 450 km

Einteilung: individuelle Einteilung möglich, je nach Kondition oder Zeitbudget

Profil: 375 m Höhenunterschied

Markierung: Hinweisschilder mit der gelben Jakobsmuschel auf blauem Grund, gelbe Pfeile

Stempelstellen: Möglichkeit, in Kirchgemeinden oder Unterkünften Stempel zu sammeln

Pilgerausweis: www.oekumenischer-pilgerweg de

Übernachtungen: Herbergen, Kirchgemeinden, Klöster, Begegnungsstätten oder Privatunterkünfte, ausführliche Hinweise im Pilgerführer

Literatur: Pilgerführer (mit Pilgerausweis) in 8. Aufl., erhältlich über den Ökumenischen Pilgerweg e.V.; ausführliche Wegbeschreibung, Karten und Höhenprofile unter www.wanderkompass.de/Deutschland/okumenischer-pilgerweg

Kontakt: Ökumenischer Pilgerweg e.V., Am Jakobskirchhof 9, 99423 Weimar, Tel.: 03643/815733, www.oekumenischer-pilgerweg.de (mit Forum für Pilger, geistlichen Impulsen und zahlreichen Informationen und Bildern zum Weg), e-mail: info@oekumenischerpilgerweg.de

Pilgerweg »Auf den Spuren starker Frauen«

Elisabeth, Walburga und Paulina – diese drei Frauen stehen im Mittelpunkt des Pilgerweges »Auf den Spuren starker Frauen«, der durch das Herz Thüringens verläuft. Landgräfin Elisabeth von Thüringen ist die bekannteste von ihnen. Die ungarische Prinzessin kam schon als Kleinkind nach Thüringen. Ihr Einsatz für Arme und Kranke machte sie so bekannt, dass schon 1235, vier Jahre nach Elisabeths Tod, ihre Seligsprechung erfolgte. Walburga, die Namenspatronin des Arnstädter Klosters, stammte aus England. Ihr Onkel, der hl. Bonifatius, berief sie als Missionarin nach Deutschland. Sie starb im Jahre 779 als Äbtissin des Klosters Heidenheim. Das Kloster Paulinzella erhielt seinen Namen von der sel. Paulina, die das in einem abgeschiedenen Waldtal gelegene Kloster im Jahre 1106 gründete.

Erfurt, Dom und St. Severi

Startpunkt des etwas mehr als 50 Kilometer langen Pilgerweges ist Erfurt, die Hauptstadt Thüringens. Die hl. Elisabeth ist die Patronin des 1994 gegründeten Bistums Erfurt. Wertvolle Wandmalereien im Turm der 1747 nach einem Brand abgebrochenen Nikolaikirche erinnern noch heute an Elisabeth. Seit 2006 sind die restaurierten Malereien auch für Besucher zugänglich. Vom Erfurter Dom führt der Weg durch die Innenstadt, den Luisenpark und weiter durch die Stadtteile Hochheim, Bischleben und Molsdorf entlang der Gera über Ichtershausen und Rudisleben nach Arnstadt. Hier, nach 23 Kilometern, sollte die erste Übernachtung eingeplant werden. In Ichtershausen lohnt ein Besuch der ehemaligen, um 1100 begonnenen Klosterkirche. Arnstadt wurde schon im Jahre 704 erstmals

Hl. Walburga

Arnstadt, Bachkirche

Arnstadt, Bachkirche

urkundlich erwähnt. Die turmlose, gedrungen wirkende Bachkirche erhebt sich am Rande des Marktes. Hier wirkte der spätere Leipziger Thomaskantor Johann Sebastian Bach von 1703 bis 1707. Nicht entgehen lassen sollte man sich auch einen Besuch der Liebfrauenkirche und der malerischen Altstadt. Zwei Kilometer südlich der

Arnstadt, Ruinen des Walpurgisklosters

Stadt kann man im Walpernholz die Grundmauern des alten Walpurgisklosters besichtigen, das man zu Beginn des 14. Jahrhunderts in die Stadt verlegte.

Der zweite Tagesabschnitt des Pilgerweges führt über 16 Kilometer bis nach Niederwillingen. Von Arnstadt geht es zunächst Richtung Osten. Nach 3 Kilometern erreicht die Wanderroute Dornheim. In der St. Bartholomäi-Kirche des Dorfes heiratete Johann Sebastian Bach im Jahr 1707 seine Frau Maria Barbara. Über Oberndorf und Hausen führt der Weg vorbei an großen Ackerflächen und durch Waldstücke nach Görbitzhausen. Ein kleiner Abstecher in das

Arnstadt, Liebfrauenkirche

Dornheim, Traukirche Johann Sebastian Bachs

Griesheim

nur einen Kilometer entfernte Dorf Branchewinda ermöglicht die Besichtigung der romanischen Jakobuskirche aus dem 12. Jahrhundert. Zurück in Görbitzhausen führt der Weg durch Wiesen nach Roda und weiter nach Niederwillingen. Zahlreiche Fachwerkbauten prägen das Dorf. Die romanische Kirche St. Peter und Paul erhielt ihr heutiges Aussehen nach einem Umbau am Ende des 18. Jahrhunderts.

Niemand kann den Weg laufen, wenn sein
Herz von Enge zusammengeschrumpft ist.
Mag der Weg auch eng sein, dein Herz sei weit.
Ambrosius von Mailand

Am dritten Tag liegen nochmals 15 Kilometer vor dem Pilger. In Griesheim, drei Kilometer hinter Niederwillingen, gründete Friedrich Fröbel 1816 die erste »Allgemeine deutsche Erziehungsanstalt«. Die romanische St.-Maria-Magdalena-Kirche zählt zu den schönsten Gotteshäusern Thüringens. Über Cottendorf und Dörnfeld geht es nach Singen und Paulinzella. Mächtige Ruinen künden noch immer von der Bedeutung des Klosters. Die Klosterkirche entstand zwischen 1112 und 1124 als romanische Säulenbasilika nach dem Vorbild der Hirsauer Klosterkirche. Mitte des 19. Jahrhun-

Paulinzella

Paulinzella

derts begannen die Sicherungsarbeiten an den Ruinen des in der Reformationszeit aufgehobenen Klosters. (DK)

Informationen:

An- und Abreise: mit Auto oder Zug nach Erfurt; zahlreiche Fern- und Nahverkehrsverbindungen bis Erfurt Hbf; von Paulinzella (Bedarfshalt) aller zwei Stunden durchgehende Verbindung nach Erfurt Hbf (ca. 40 min)

Entfernung: 55 km

Einteilung: 3 Etappen

Profil: zwischen 194 und 480 m, häufiger Wechsel von Auf- und Abstiegen

Markierung: Hinweisschilder mit der gelben Jakobsmuschel auf blauem Grund (der Weg ist Teil des Jakobsweges Erfurt-Coburg)

Stempelstellen: Möglichkeit, in Kirchgemeinden, Unterkünften oder Gaststätten Stempel im Pilgerpass zu sammeln.

Pilgerausweis und Übernachtungen: Download eines Flyers mit Pilgerausweis und Hinweis auf Herbergen am Pilgerweg unter www.arnstadt.de

Literatur: Rad- und Wanderkarte Ilm-Kreis, KKV-Verlag Nordhausen

Kontakt: Tourist-Information Arnstadt, Markt 1, 99310 Arnstadt, Tel.: 03628/602049, www.arnstadt.de, information@arnstadt.de

Elisabethpfad 2

Der im Jahr 2002 gegründete ökumenische Verein »Elisabethpfad e.V.« hat sich das Ziel gesetzt, die Tradition des Pilgerns zu stärken. Zuerst entstand die Route von Frankfurt am Main nach Marburg. Diese Strecke knüpft an den Weg von Marburg zum Kloster Altenberg an, den die hl. Elisabeth selbst gegangen ist, weil sie ihre Tochter

Eisenach, Wartburg

Gertrud dort erziehen ließ. Eine zweite Route führt von der Wartburg bei Eisenach, auf der Elisabeth als Landgräfin lebte, über Creuzburg und Treysa nach Marburg. Der Elisabethpfad 3 beginnt in Köln und endet ebenfalls in Marburg.

Elisabeth von Thüringen

Die im Jahr 1207 geborene ungarische Prinzessin Elisabeth kam als Kind nach Thüringen, um später die Ehefrau des Landgrafen Ludwig zu werden. Beide führten eine glückliche Ehe. Als ihr Mann nach sechs Ehejahren auf einem Kreuzzug starb, wählte Elisabeth Marburg als Witwensitz. Sie baute ein Hospital, in dem sie sich bei der Pflege Kranker aufopferte. Elisabeth starb 1231 im Alter von nur 24 Jahren und wurde schon 1235 heiliggesprochen.

Der im Jahr 2007 eröffnete Elisabethpfad 2 verbindet mit der Wartburg und Marburg die beiden wichtigsten Stationen im Leben der Heiligen. Für Wanderer mit durchschnittlicher Kondition stellt der rund 200 Kilometer lange Weg zwar keine Schwierigkeit dar, doch auch einige etwas anstrengendere Aufstiege sind zu meistern.

Um ins Unbekannte zu gehen, müssen wir durch das Ungewisse hindurchgehen.
Johannes vom Kreuz

Eisenach, der Ausgangspunkt der Route, wurde 1180 erstmals urkundlich erwähnt. Über der Stadt thront die Wartburg, auf der die hl. Elisabeth zwischen 1211 und 1228 lebte. Daran erinnern die Elisabethkemenate und die Elisabethgalerie. Von der Wartburg führt der Weg an der St.-Annen-Kirche vorbei Richtung Westen und verlässt Eisenach. Ab Hörschel folgt die Strecke dem Lauf der Werra flussabwärts bis nach Creuzburg. In der Liboriuskapelle zeigen Fresken die hl. Elisabeth. Auf der romani-

Creuzburg

schen Creuzburg hielt sich Elisabeth gerne auf. Der Komponist Michael Praetorius kam hier 1572 zur Welt.

Hinter Creuzburg überquert der Elisabethpfad die ehemalige innerdeutsche Grenze und führt via Willershausen und Lüderbach nach Röhrda. Hinter Röhrda beginnt der Aufstieg zur Ruine der 490 Meter hoch gelegenen Boyneburg, höchster Punkt des Pilgerweges. Nun geht es bergab nach Wichmannshausen. In der aus dem 13. Jahrhundert stammenden Martinskirche beeindrucken die historischen Fresken. Durch dichte Wälder führt die Route weiter über Waldkappel, vorbei an den »Großen Steinen« und durch Reichenbach nach Spangenberg. Hier erinnert die im 14. Jahrhundert als Teil eines Hospitals erbaute Kapelle St. Elisabeth und St. Nikolaus an das caritative Wirken der hl. Elisabeth.

Von Spangenberg führt der Weg weiter über Malsfeld, Dagobertshausen mit einer 600 Jahre alten Wehrkirche und Hombergshausen nach Homberg/Efze. In der mächtigen Marienkirche der Kleinstadt beschloss eine 1526 von Landgraf Philipp dem Großmütigen einberufene Synode die Annahme der Reformation. Durch Waldstücke und an Feldern entlang geht es via Allmuthshausen, Leuderode und Lenderscheid nach Frielendorf. Nun steigt der Weg stetig an bis zum Spießturm, an dem die hessischen Landgrafen im 15. und 16. Jahrhundert

Homberg/Efze

Treysa

ihre Landtage abhielten. Noch ca. 9 Kilometer sind es bis nach Ziegenhain mit seiner Schlosskirche und dem schmucken Fachwerkrathaus. In Treysa, der nächsten Station, passiert die Pilgerroute die Totenkirche St. Martin. Nach der Reformation verfiel die einstige Stadtkirche, da die Gemeinde nun die Klosterkirche nutzte. Um die Rettung der seit 1830 dem Verfall preisgegebenen Kirche bemüht sich seit 1993 ein Förderverein. Über Momberg geht es weiter Langenstein mit der restaurierten Jakobuskirche.

Nun liegen noch etwa 25 Kilometer vor dem Pilger. Nach der Durchquerung von Kirchhain geht es noch einmal steil bergan nach Amöneburg. Rings um die Ruine der Amöneburg breitet sich die gleichnamige Kleinstadt aus, entstanden aus einem vom hl. Bonifatius gegründeten Kloster. Bergab führt das letzte Wegstück über Kleinseelheim und Schröck mit seiner Barockkirche und dem Elisabethbrunnen. Ein letzter Anstieg hinein in die bewaldeten Lahnberge bleibt noch zu meistern, dann er-

Amöneburg

reicht der Elisabethpfad Marburg. Vorbei am ehemaligen Hospiz St. Jakob mit den beiden Jakobus- und Elisabethfiguren am Eingangsportal und der Katholischen Kirche erreicht der Pilger die Elisabethkirche. Sogleich nach dem Tod Elisabeths begann der Deutsche Orden mit dem Bau der gotischen Hallenkirche über ihrem Grab. (DK)

Marburg, Elisabethkirche

Informationen:

An- und Abreise: mit Zug oder Auto nach Eisenach; zahlreiche Fernverbindungen nach Eisenach zurück von Marburg über Frankfurt oder Kassel nach Eisenach (ca. 3 h)

Entfernung: 200 km

Einteilung: 11 Tagesetappen zwischen 12 und 25 km, aber auch individuelle Einteilung möglich

Profil: ca. 300 m Höhenunterschied

Markierung: rote Hinweisschilder mit Elisabethporträt und stilisiertem »E«

Stempelstellen: Möglichkeit, in Kirchgemeinden oder Unterkünften Stempel zu sammeln

Pilgerausweis: Bestellung unter www.elisabethpfad.de/pilgershop.html

Übernachtungen: Download einer Quartierliste unter www.elisabethpfad.de/service/download.html

Literatur: Elisabethpfad e.V. (Hrsg.), Pilgerführer Elisabethpfad 2 und Weg der Jakobspilger, Verlag Wort im Bild, 4. Aufl. 2014

Kontakt: Elisabethpfad e.V., Schützenstr. 39, 35039 Marburg, Tel.: 06421/65683, www.elisabethpfad.de, e-mail: info@elisabethpfad.de

Bonifatiusroute

Die Bonifatiusroute, ein im Jahr 2004 eingerichteter moderner Pilger- und Wanderweg, lehnt sich an den historischen Bonifatiusweg an. Dieser führt von Mainz nach Fulda. Auf diesem Weg überführte man im Jahr 754 oder 755 den Leichnam des hl. Bonifatius zu der von ihm ausgewählten Grabstätte, dem Kloster Fulda.

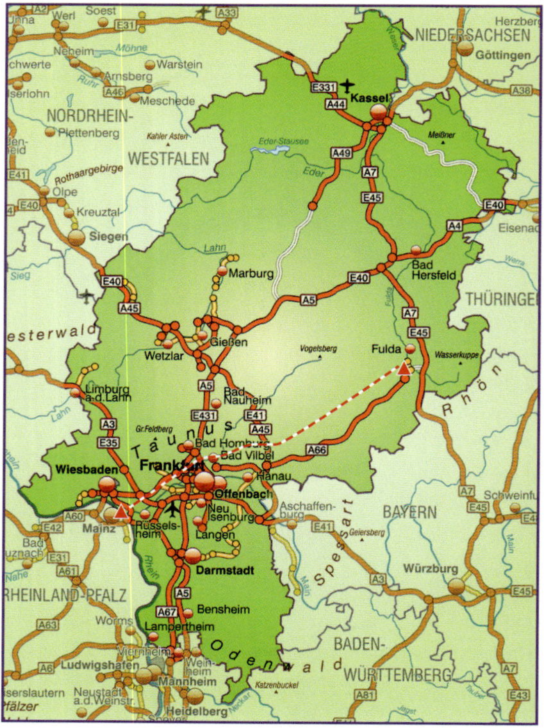

Dom zu Mainz

In Mainz nimmt die Bonifatiusroute ihren Anfang. Der 172 Kilometer lange Pilgerweg orientiert sich an antiken und frühmittelalterlichen Verkehrswegen, da die Quellen keine genaue Streckenrekonstruktion zulassen. Klöster, Kirchen und Kapellen, Bildstöcke und Wegekreuze begleiten den Weg des Pilgers als steingewordene Zeugen einer langen christlichen Geschichte. Kleine Schilder mit dem Logo des Vereins Bonifatius-Route e.V. markieren die Strecke, die quer durch Hessen über Glauberg nach Fulda führt.

Startpunkt des Weges ist der Leichhof, einer der Plätze vor dem Mainzer Dom. Seinen Namen bekam der Platz vom ehemaligen Domfriedhof. Der den hl. Martin und Stephanus geweihte Dom ist die Kathedrale des Bistums Mainz. Vermutlich gab es schon im 2. Jahrhundert Christen in Mainz, ein Bistum bestand frühestens seit dem 4. Jahrhundert. Mit dem nach 580 gestorbenen Sidonius beginnt die Liste der sicher nachweisbaren Bischöfe. Im Jahr 746 wurde Bonifatius, der als Missionserzbischof in Hessen, Thüringen und Bayern tätig war, das Bistum Mainz zugewiesen. In Mainz erinnert ein Denkmal vor dem Dom an ihn. Der Bau des heutigen Domes begann unter Erzbischof Willigis kurz nach 975. Roter Sandstein drückt dem Äußeren des über Jahrhunderte gewachsenen »Domgebirges« seinen Stempel auf.

Hochheim

Nach Überquerung des Mains erreicht man die Stadt Hochheim am Main in Hessen. Bis heute prägen Weinberge die Gegend. Die Tradition des Weinbaus geht bis in die römische Zeit zurück. Hochheim wurde erstmals im Zusammenhang mit dem Leichenzug des hl. Bonifatius erwähnt.

Weiter führt der Weg nördlich an Frankfurt am Main vorbei und erreicht nach 83 Kilometern das Kloster Engelthal. Von 1268 bis zur Aufhebung im Jahre 1803 lebten Zisterzienserinnen in Engelthal. Nach dem Zweiten Weltkrieg erwarb das Bistum Mainz den alten Klausurbezirk und gründete 1962 ein Benediktinerinnenkloster. Das 1965 zur Abtei erhobene Kloster gehört heute zur Beuroner Kongregation. Von 2008 bis 2010 wurde das Kloster um einen großen Neubau ergänzt.

Weiter führt der Weg über weite Ebenen, abgeschiedene Täler und waldreiche Mittelgebirge. Nach 108 Kilometern führt ein Abzweig zur Ruine des Klosters Konradsdorf. Es entstand um 1190 an der Stelle einer Burg. Nachdem die Reformation das Gebiet erfasst hatte, säkularisierte man das Kloster 1581. Erhalten blieben die als Basilika errichtete Klosterkirche und ein als »Nonnenhaus« bezeichnetes romanisches Wohnhaus.

Konradsdorf

Bonifatius – »Apostel der Deutschen«

Der um 672 in England geborene und auf den Namen Winfrid getaufte Bonifatius wurde Benediktiner und ging als Missionar nach Germanien. Dreimal reiste er nach Rom. Hier bestätigte Papst Gregor II. seinen Missionsauftrag und weihte Bonifatius im Jahr 722 zum Bischof. Er gründete zahlreiche Klöster und die Bistümer Salzburg, Regensburg, Passau, Würzburg, Büraburg und Erfurt. Berühmtheit erlangte die Fällung der von den Heiden verehrten Donareiche im nordhessischen Geismar, heute ein Ortsteil von Fritzlar, durch Bonifatius. Zusammen mit 52 Begleitern erlitt Bonifatius am 5. Juni 754 oder 755 in Friesland das Martyrium.

Bonifatius

Fulda, St. Michael

Nach der Durchquerung des Wetteraukreises erreicht der Wanderer den Vogelsbergkreis. Am Hoherodskopf, mit 764 Metern zweithöchster Gipfel im Oberwaldgebiet des Vogelsberg-Gebirges, erreicht der Weg seine höchste Stelle. Über Ilbeshausen-Hochwaldhausen gelangt man nach 158 Kilometern zur landschaftlich reizvoll im Tal der Kalten Lüder gelegenen Wallfahrtskapelle Kleinheiligkreuz bei Kleinlüder.

In Fulda erreicht die Bonifatiusroute ihr Ziel. Hier fand Bonifatius in der Ratgar-Basilika, dem Vorgängerbau des

Fulda, Dom

„Die Menschen gehen in die Ferne,
um die Berggipfel zu betrachten,
doch an sich selbst gehen sie vorbei.“
Augustinus

Domes, seine letzte Ruhe. Die Ratgar-Basilika bestimmt in ihren Abmessungen den heutigen Barockbau. Johann Dientzenhofer entwarf die Kirche nach dem Vorbild des Petersdoms in Rom. Die Gebeine des Hl. Bonifatius ruhen in der als »Bonifatiuskapelle« bezeichneten Domkrypta, direkt unter dem Hochaltar. (DK)

Informationen

An- und Abreise: mit Zug oder Auto nach Mainz und zurück ab Fulda; mit Nahverkehrszügen von Fulda mit Umstieg in Frankfurt/Main nach Mainz (2 ½ h)

Entfernung: 172 km

Einteilung: 9 Etappen, zwischen 14 und 25 km

Profil: minimale Höhe 85 m ü. NN, maximale Höhe 664 m ü. NN; auf den letzten 3 Etappen größere Höhenunterschiede

Markierung: mehrere Tausend Hinweisschilder mit dem Logo des Vereins Bonifatius-Route e.V.

Stempelstellen: zahlreiche registrierte Stempelstellen am Weg

Pilgerausweis: Bestellung über: www.bonifatius-route.de

Übernachtungen: Hotels, Gasthöfe, Ferienhäuser, Gaststätten (Mitgliedsbetriebe an der Route); Übernachtungen frühzeitig bestellen!

Literatur: Ingrid Retterath, Bonifatius-Route, Conrad Stein Verlag, 1. Aufl. 2010; Bestellung einer kostenlosen Wanderkarte: Rhein-Main-Verkehrsverbund, Alte Bleiche 5, 65719 Hofheim, Tel.: 06192/294-203, www.rmv.de

Kontakt: Verein Bonifatius-Route e.V., Postfach 11 13, 63675 Schotten, www.bonifatius-route.de (mit Pilgerberichten, Höhenprofilen, Hinweisen auf Wanderkarten, Etappeneinteilung, Höhenprofil, Übernachtungsmöglichkeiten und Stempelstellen), e-Mail: info@bonifatius-route.de

Mosel-Camino

Seit 2008 ist das ca. 180 Kilometer lange Wegstück zwischen Koblenz-Stolzenfels und der Benediktinerabtei St. Matthias in Trier als Teilstück des Jakobsweges ausgeschildert. Es führt an der Mosel entlang und ermöglicht es, von Trier aus weiter nach Santiago de Compostela zu pilgern.

Der Fähranleger in Koblenz-Stolzenfels ist Ausgangspunkt des Mosel-Camino. Von hier aus ist es nicht weit zur Pfarrkirche St. Menas und zum Schloss Stolzenfels. Durch den Koblenzer Stadtwald geht es am Schüllerhof

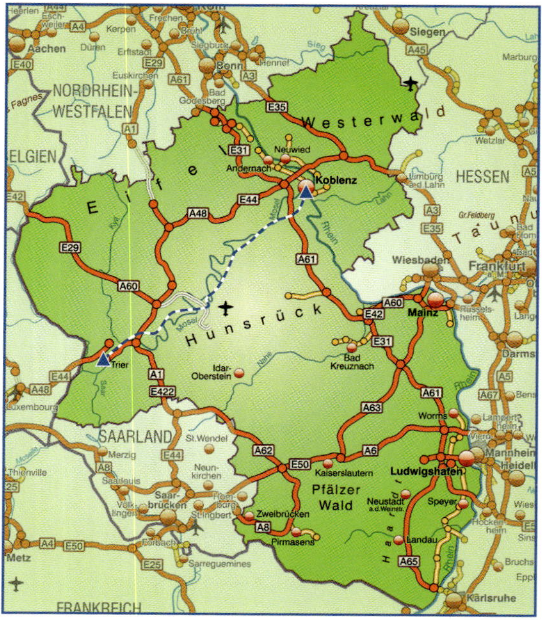

Koblenz, St. Kastor

Koblenz, Schloss Stolzenfels

vorbei zu den Überresten eines antiken Merkurtempels. Der Camino folgt dem Pastorenpfad bis an den Ortsrand von Waldesch, von wo aus man nach Hünenfeld gelangt. Über den Bruder-Tönnes-Hügel, einen keltischen Fürstengrabhügel aus der Eisenzeit, führt der Weg nach Naßheck und weiter zur Dreifaltigkeitskirche auf dem Bleidenberg. Die gotische Wallfahrtskirche wurde 1246/48 durch Erzbischof Arnold II. von Trier errichtet.

Von hier aus geht es steil hinab nach Alken, wo die Kirche St. Michael zum Gebet einlädt. Über die Moselbrücke gelangt man nach Löf und weiter nach Hatzenport. Hier führt der Pfad zum »Küppchen«, einem herrlichen Aussichtspunkt mit Blick auf die gegenüber liegenden Hunsrückhöhen. Auf dem weiteren Weg passiert man die Ortschaften Lasserg und Neuhof und steigt hinab ins Elzbachtal zur Burg Eltz. Die zu Beginn des 12. Jahrhunderts erbaute Festung zierte den 500-DM-Schein und gehört zu den bekanntesten Burgen Deutschlands.

Über einen steilen Pfad an alten Kreuzwegstationen vorbei gelangt man auf den Buchsbaumwanderpfad, der zum Kompeskopf, einem idyllischen Aussichtspunkt in

Beilstein

der Nähe der Pilgerherberge Klickerterhof, führt. Von hier aus ist es nicht mehr weit nach Karden, wo die romanische Kirche St. Kastor zu einem Besuch einlädt. Sie gilt als eine der bedeutendsten Kirchen zwischen Trier und Koblenz und wird auch »Mosel-Dom« genannt.

Auf der Hunsrück-Moselseite geht es nach Treis und weiter durch das Flaumbachtal zum Kloster Maria Engelport. Von hier aus durchquert man ein wild-romantisches Waldgebiet bis nach Beilstein. Sein ehemaliges Karmeliter-Kloster und die Ruine Metternich prägen das Ortsbild.

Grevenburg

Der Camino führt weiter über die Hunsrückhöhen, bis man in Bullay wieder das Moseltal erreicht

Nicht der Beginn wird belohnt,
sondern einzig und allein das Durchhalten.
Katharina von Siena

Ein Serpentinenpfad führt auf den Petersberg hinauf zur Marienburg. In südöstlicher Richtung geht es weiter nach Zell-Kaimt, wo die Mosel erneut überquert wird. Über den Bummkopf, durch Wald und Weinberge geht es zur sehenswerten Ortschaft Enkirch und weiter zum Aussichtspunkt »Rottenblick«. Ab hier folgt man einem schönen Pfad, mit beeindruckendem Blick auf die Mosel, nach Starkenburg. Der Weg verläuft an der Ruine Grevenburg vorbei nach Traben-Trarbach mit seinen malerischen Jugendstilhäusern.

Weinberg- und Waldwege führen zu den Graacher Schanzen, durch Bernkastel und Lieser bis nach Monzel. Über Neu-Minheim erreicht man Klausen, einen bedeutsamen Wallfahrtsort mit über 500-jähriger Geschichte. Hier treffen der Eifel- und der Mosel-Camino zusammen. Vorbei an der Blasiuskapelle verläuft der Weg weiter nach Klüsserath, wo man die Salmbrücke überquert und dem Kreuzweg hoch zur Marienkapelle folgt. Durch die Weinberge schlängelt sich der Weg hinab in das Kahlbachtal bis nach Ensch.

Bernkastel-Kues

Der Camino führt am Zitronenkrämerkreuz und am Landwehrkreuz vorbei nach Schweich. Über einen Wald-

Trier, St. Matthias

weg erreicht man die Heidekapelle, von der aus ein Kreuzweg (in umgekehrter Richtung) nach Ehrang leitet. Über Bausch und Biewer geht es bis zur Kaiser-Wilhelm-Brücke, auf der man die Mosel ein letztes Mal überquert. Folgt man dem Moselradweg weiter flussaufwärts, am Alten Kran, Zollkran und der Römerbrücke vorbei, bis kurz vor der Konrad-Adenauer-Brücke, ist man bereits fast am Ziel des Pilgerwegs angekommen. Von hier aus ist es nicht mehr weit zur Abtei St. Matthias. Hier ruhen die Reliquien des Apostels Matthias und der ersten beiden Trierer Bischöfe Eucharius und Valerius. (SE)

Trier, Porta Nigra

Apostel Matthias

Matthias war jüdischer Schriftgelehrter und Jünger Jesu. Durch das Los wurde er dazu auserwählt, Judas Ischariot nach dessen Verrat und Selbstmord zu ersetzen. Die Gebeine des Apostels sollen im Auftrag der Kaiserin Helena, Mutter des römischen Kaisers Konstantin I., vom Trierer Bischof Agritius nach Trier überführt worden sein. Seine Ruhestätte in Trier ist das einzige Apostel-Grab nördlich der Alpen.

Informationen:

An- und Abreise: mit Zug oder Auto nach Koblenz, zahlreiche Fernverbindungen nach Koblenz Hbf; von Trier Hbf nach Koblenz Hbf stündlich Nahverkehrszüge (ca. 1½ h)

Entfernung: ca. 180 km

Einteilung: 8 Tagesetappen zwischen 14 und 29 km, aber auch individuelle Einteilung möglich

Profil: knapp 400 m Höhenunterschied, teils starke Steigungen und Gefälle

Markierung: durchgehend blau-gelbe Hinweisschilder mit der Jakobsmuschel, gelbe Pfeile

Stempelstellen: Möglichkeit, in Kirchgemeinden, Unterkünften oder Gaststätten Stempel zu sammeln

Pilgerpass: Bestellung unter www.sjb-trier.de/unsere-hilfe-fuer-die-pilger/pilgerausweise; www.jakobusbruderschaft.de/Pilgerpasse/pilgerpasse.html

Übernachtungen: Hotels, Gasthöfe, Ferienhäuser, Gaststätten – Hinweise hierzu unter www.mosel-camino.info/uebernachten-1.html

Literatur: Karl-Heinz Jung, Mosel-Camino, Conrad Stein Verlag, 1. Aufl. 2012; ausführliche Wegbeschreibung, Karten und Höhenprofile unter www.wanderkompass.de/Deutschland/mosel-camino.html

Kontakt: www.mosel-camino.de, e-mail: jakobsweg@mosel-camino.de

Wendelinus-Pilgerweg

Der 15 Kilometer lange Wendelinus-Pilgerweg verbindet die alten Pilgerstätten St. Wendel und Tholey im Saarland.

Wendelinusbasilika

Wendelin, ein irischer Wandermönch, missionierte im 6. Jahrhundert im Raum Trier und war Gründer und erster Abt des Klosters Tholey. Nach der Legende verdingte sich der irische Adlige aufgrund seiner Frömmigkeit und Demut als Viehhirte, weshalb er häufig als Hirte dargestellt wird.

Der Pilgerweg beginnt in St. Wendel am Grab des Heiligen in der Wendelinusbasilika. Die spätgotische Kirche zeugt von der einstmaligen Bedeutung des Pilgerortes. Durch das Freizeitgelände Wendelinuspark verläuft der Weg zur St. Annen-Kapelle am Wallesweilerhof, der ehemals zur Abtei Tholey gehörte. Weiter führt die Route in Richtung Winterbach und Alsweiler und bietet einen beeindruckenden Blick auf die hügelige Landschaft des Naturparks Saar-Hunsrück und auf den Schaumberg. Nach der Durchquerung des Alsbachtals erblickt man bereits das Ziel des

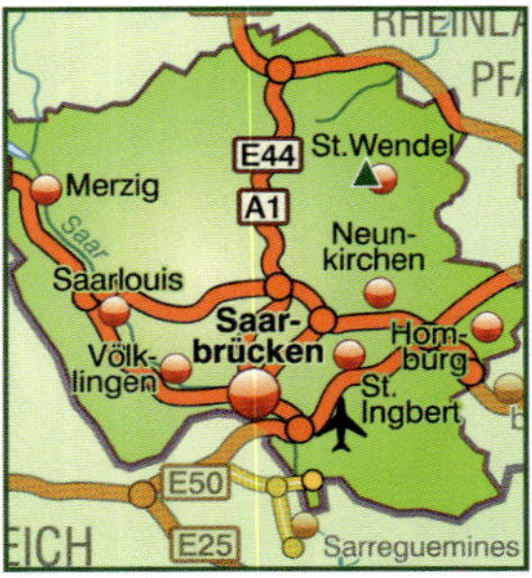

Pilgerweges: die Abteikirche Tholey. Man erreicht die Kirche über den Wareswald, in dem sich in nur 300 Meter Entfernung vom Weg eine römische Ausgrabungsstätte befindet. Dort kreuzten sich die Römerstraßen Metz–Mainz und Trier–Straßburg.

Abtei Tholey

An der Abteikirche St. Mauritius in Tholey ist das Ziel des Wendelinus-Pilgerwegs erreicht. Die Geschichte des Benediktinerklosters reicht bis ins Jahr 634 zurück und wird in einer eigenen Abteilung des kulturhistorischen Museums »Theulegium« dokumentiert. (SE)

Abtei Tholey

Informationen:

An- und Abreise: mit Zug oder Auto nach St. Wendel; stündlich Regionalzüge von Frankfurt/Main Hbf nach St. Wendel (ca. 2¼ h)

Entfernung/Profil: 15 km, geringe Höhenunterschiede

Markierung: Hinweisschilder mit dem Symbol eines Abtstabes

Literatur: Karte und Wegbeschreibung unter www.bostalsee.de/aktiv-sein/wandern/pilgerwege/detail/adresse/wendelinus-pilgerweg

Kontakt: Tourist-Information Sankt Wendeler Land, Am Seehafen, 66625 Nohfelden-Bosen, Tel.: 06852/90110, www.sankt-wendeler-land.de, e-mail: tourist-info@bostalsee.de

Via Porta – Ökumenischer Pilgerweg Volkenroda–Waldsassen

Der ökumenische Pilgerweg Via Porta ist ein Weg der Verbindungen zwischen den neuen und alten Bundesländern Thüringen und Bayern, zwischen Deutschland und Tschechien, zwischen dem evangelischen Kloster Volkenroda und der katholischen Abtei Waldsassen und zwischen dem armlosen »Volkenrodaer Kruzifix« und dem »Geschändeten Heiland von Waldsassen«.

Bis ins 12. Jahrhundert zurück reichen die historischen Wurzeln dieses Weges, als sich Zisterziensermönche in Volkenroda ansiedelten und von dort aus das Tochterkloster Waldsassen gründeten. Damit hat der 2010 eröffnete ökumenische Pilgerweg Volkenroda–Waldsassen eine ganz ähnliche Entstehungsgeschichte wie die Route Loccum–Volkenroda, an die der Weg direkt anschließt. Der Pilgerweg kann in beide Richtungen gelaufen werden.

Expo-Pavillon im Kloster Volkenroda

Volkenroda liegt in der Nähe von Mühlhausen. Die erst seit 1994 dort ansässige Jesus-Bruderschaft hat das bei ihrer Ankunft völlig verfallene Kloster innerhalb kürzester Zeit wieder zum Leben erweckt. Herzstück ist die älteste noch erhaltene Zisterzienserkirche Deutschlands zusammen mit dem modernen Christus-Pavillon der Weltausstellung EXPO 2000.

In Volkenroda muss sich der Pilger auf dem Weg nach Weberstedt und zum Nationalpark Hainich zwischen zwei Routen – die eine kürzer, die andere dafür abwechslungsreicher – entscheiden. Auf einem Baumwipfelpfad kann man den Nationalpark mit seinen alten Buchenwäldern aus ungewohnter Perspektive erkunden. Mit Erreichen des Craulaer Kreuzes wandert man in Richtung Behringen und Neufrankenroda weiter. Hinter Neufrankenroda kreuzt der in Ost-West-Richtung verlaufende ökumenische Pilgerweg Görlitz–Vacha die Via Porta. Bei Waltershausen gabelt sich

Stadtkirche Waltershausen

Baumwipfelpfad im Nationalpark Hainich

der Pilgerweg in zwei Alternativrouten, die sich in Friedrichroda wieder treffen.

Nach Friedrichroda verläuft der Weg in 6 Tagesetappen auf dem Rennsteig durch den Thüringer Wald – und damit wird das Wandern etwas anstrengender. Wie gut, dass man in der Nähe der Ortschaft Ebertswiese einen kleinen Bergsee zur Erfrischung vorfindet. Auf der nächsten Etappe erwartet den Wanderer beim Großen Beer-

Geh deinen Weg gelassen und ruhig
inmitten des Lärms und der Hast dieser Zeit
und erinnere dich, welcher Frieden
in der Stille liegt.

Aus der Lebensregel von Baltimore

berg der mit 973 Metern höchste Punkt des Rennsteigs. Bergab und bergan führt der Weg vorbei an den Ferienorten Neustadt am Rennsteig, Masserberg, Limbach am Rennsteig und Neuhaus am Rennweg.

Nach Spechtsbrunn überquert man die ehemalige innerdeutsche Grenze. Wo vor nicht allzu langer Zeit noch Befestigungsanlagen standen, gedeihen jetzt ungestört Pflanzen und Tiere. Über dieses »Grüne Band« und damit die thüringisch-bayerische Landesgrenze wechselt man noch zweimal. Bevor es endgültig nach Bayern geht, werden noch die thüringischen Orte Brennersgrün und Blankenstein durchwandert. In Blankenstein endet der Rennsteig, und nun folgt man wieder der Via-Porta-Ausschilderung. Die Streckenführung über Selbitz mit dem evangelischen Kloster der Christusbruderschaft bis hinter Münchberg ist mit dem Fränkischen Gebirgsweg identisch. Über Kirchenlamitz erreicht man Hohenberg a.d. Eger. Schon von weitem sieht man die Burg Hohenberg.

Bergkirche Neuhaus am Rennweg

Franzensbad

Nun verlässt man Bayern, um zwei Tage in Tschechien weiterzuwandern. Zwei Alternativen hat man, um nach Seeberg (Ostroh) und von dort weiter nach Franzensbad (Františkovy Lázně) zu gelangen. Der böhmische Kurort lädt mit seinen Heilquellen zur Erholung ein. Über Eger (Cheb) verlässt man Tschechien wieder. Nicht direkt auf dem Weg gelegen, aber für einen Pilger unumgänglich, ist der Wallfahrtsort Maria Loreto in Starý Hrozňatov.

Waldsassen

Am Ziel des Weges in Waldsassen angekommen, gibt es in der Stiftsbasilika und der Abtei viel zu entdecken: den Geschändeten Heiland, den Kugeltabernakel, die klangvolle Orgel oder die barocke Bibliothek.

Die Abtei überrascht den Pilger mit dem Gästehaus St. Joseph, einem Kultur- und Begegnungszentrum und zahlreichen jungen Zisterzienserinnen. (PF)

Informationen:

An- und Abreise: mit dem Auto direkt oder mit dem Zug zum Bhf. Mühlhausen/Thüringen und dann mit Bus oder Taxi nach Volkenroda; zurück mit Bus und Regionalzügen über Wiesau, Hof und Gera (7–8 h)

Entfernung: ca. 340 km

Einteilung: 18 Tagesetappen zwischen 11 und 28 km; individuelle Einteilung möglich, je nach Kondition oder Zeitbudget

Profil: Das Thüringisch-Fränkische Mittelgebirge hält einige fordernde An- und Abstiege parat.

Markierung: Hinweisschilder mit dem lila-gelben Kreuz und Pilgerstab auf weißem Grund; in einigen Abschnitten folgt der Weg anderen Beschilderungen (z. B. dem mit einem großen »R« markierten Rennsteig)

Stempelstellen: Möglichkeit, in Kirchgemeinden, Unterkünften oder Gaststätten Stempel zu sammeln

Pilgerausweis: Pilgerpass erwerbbar in Volkenroda oder Waldsassen

Übernachtungen: Hotels, Pensionen, Pilgerherbergen, Kirchgemeinden – Hinweise auf www.viaporta.de

Literatur: Via Porta. Ökumenischer Pilgerweg vom Evang. Kloster Volkenroda zur Kath. Zisterzienserinnen-Abtei Waldsassen (Pilgerführer, erhältlich in Volkenroda oder Waldsassen); interaktives E-Book »VIA PORTA digital« unter www.cgl.uni-hannover.de/viaporta

Kontakt: www.viaporta.de; Jesus Bruderschaft Volkenroda, Amtshof 3, 99998 Körner-Volkenroda, Ansprechpartner Frau Ulrike Köhler, Tel.: 036025/559-12, www.kloster-volkenroda.de, e-mail: koehler@kloster-volkenroda.de; Zisterzienserinnen-Abtei Waldsassen, Basilikaplatz 2, 95652 Waldsassen Ansprechpartner Sr. M. Sophia Schlembach OCist, Tel.: 09632/9200-70, www.abtei-waldsassen.de, e-mail: sr.m.sophia-noviziat@abtei-waldsassen.de

Fränkischer Marienweg

Franken gilt auf Grund seiner langen Tradition der Marienverehrung als Madonnenland. Oft wird die Muttergottes als »Patrona Franconiae« dargestellt. Zahlreiche alte Pilgerrouten, gesäumt von Bildstöcken und Marienfiguren, verbinden rund 50 Wallfahrtsorte in der Region. Auf die Initiative des Pfarrers Josef Treutlein wurde dieses Wegenetzwerk 2002 als Fränkischer Marienweg wiederbelebt. Neben weithin bekannten Pilgerstätten kann man auf dem Weg beinahe in Vergessenheit geratene Schätze entdecken. Da selbst der Initiator des Weges noch nicht alle Strecken gewandert ist, kann man sich beruhigt nur eine Teilstrecke vornehmen. Es gibt vier Routen bzw. eine West- und eine Ostschleife, die alle in Würzburg beginnen.

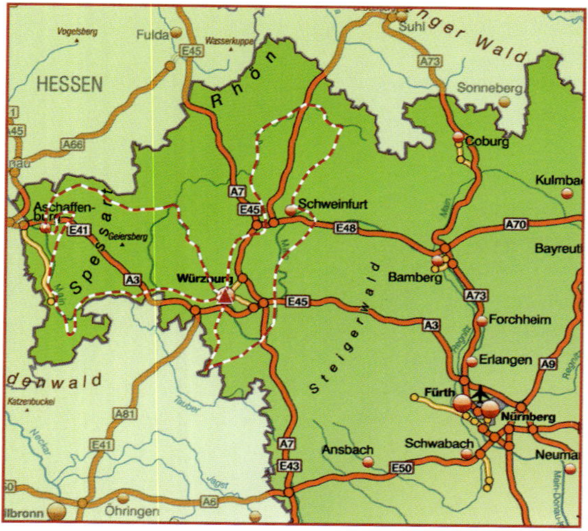

Würzburg, Marienkapelle

Der erste Teil der Westschleife beginnt an der Würzburger Marienkapelle. Der zentral gelegene gotische Bau in Rot-Weiß ist nicht zu übersehen, weithin strahlt die goldene Madonna von der Turmspitze. Noch in der Stadt stößt man auf einen Miniatur-Pilgerweg: die Strecke vom Mainufer hoch zum Käppele am Nikolausberg, gesäumt

Würzburg, Käppele

Zellingen am Main, Maria-Hilf-Kapelle

von 14 Kreuzwegkapellen. Am Ufer des Mains entlang gelangt man zum Weinort Erlabrunn. Eher klein ist die Wallfahrtskapelle Maria Hilf auf dem Volkenberg, aber man genießt hier den schönen Ausblick über das Maintal. Eine weitere Maria-Hilf-Kapelle sieht man in Zellingen. Mariabuchen liegt etwas weiter entfernt bei Lohr am Main. Hier soll im Mittelalter ein Hirte eine Marienfigur an einer Buche angebracht haben. Kein Wallfahrtsort, sondern eher ein Ort des Betens und Arbeitens ist das Minoriten-Kloster Schönau nahe der Dreiflüssestadt Gemünden am Main. In Rengersbrunn erreicht man den nördlichsten Ort der Westschleife des Fränkischen Marienwegs und eine weitere Wallfahrtskirche, um die sich eine Hirtenlegende rankt. Am Brunnen

Über Reben, Flur und Saaten
halte schützend deine Hand,
hehre Mutter aller Gnaden
segne unser Frankenland!
Eckartshäuser Wallfahrtslied

vor der Kirche Mariä Geburt sieht man eine seltene Darstellung der Muttergottes als Stillende. Über Wiesen und Kälberau, wo die Kirche Maria vom rauhen Wind am Hahnenkamm den Wetterunbilden trotzt, gelangt man zum Endpunkt der Route: Aschaffenburg. Dort sollte man die Sandkirche besichtigen, welche am Fundort eines Marienbildnisses errichtet wurde.

Aschaffenburg

Von Aschaffenburg am Rande von Spessart und Odenwald führt der zweite Teil der Westschleife wieder nach Würzburg zurück. Zunächst besucht man die Wallfahrtsorte Maria an der Sonne und Kloster Schmerlenbach in Hösbach und die Wallfahrtskirche Hessenthal, um dann wieder Richtung Aschaffenburg in den Ortsteil Obernau zur Kapelle Maria Frieden zu wandern. Immer nach Süden und in etwa entlang des Mainverlaufs durchwandert man Röllbach (Maria-Schnee-Kapelle), Großheubach (Franziskanerkloster Engelberg) und Miltenberg (Staffelmadonna), bis man Schneeberg erreicht. In der dortigen Pfarr- und Wallfahrtskirche Mariä Geburt wird seit etwa 1450 die Muttergottes auf dem Holderstock verehrt. Eine kleine Überraschung erlebt man in Faulbach, denn in der schlichten Kirche Mariä Verkündigung aus den 1960er Jahren verbirgt sich eine spätgotische Ma-

Großheubach, Rathaus

Dettelbach

rienfigur. In Höchberg, kurz vor Würzburg, trifft man mit der Wallfahrtskirche Mariä Geburt auf eine durch den Fränkischen Marienweg wiederbelebte Pilgerstätte.

In Würzburg startet auch die Ostschleife des Pilgerwegs. Südlich von Würzburg erwarten in Bütthard und Bolzhausen eine Marienkapelle und eine St.-Andreas-Kirche mit Mariengnadenbild den Pilger. Via Kitzingen gelangt man nach Effeldorf mit einer Nachbildung der Wallfahrtskirche von Loreto. Auf eine Wunderheilung geht der Bau der Kirche Maria im Sand im nahe gelegenen Weinort Dettelbach zurück. In der Nähe der Benediktinerabtei Münsterschwarzach liegt in Dimbach die Kirche St. Maria de Rosario mit einer Madonna, die das Jesuskind auf dem rechten statt wie üblich auf dem linken Arm hält. Das nächste Pilgerziel verrät schon mit seinem Namen seine idyllische Lage: Maria im Weingarten. Bei Volkach verlässt man den Main und die daran gelegenen Rebstöcke vorerst und kommt durch gebirgiges Gelände nach Bischwind zur Kapelle Maria Hilf. Mit dem fast 500 Meter hohen Zabelstein lässt man den Steigerwald hinter sich und steuert wieder auf das Main-

Volkach, Maria im Weingarten

tal zu. Über die Limbacher Wallfahrtskirche und das Zeiler Käppele gelangt man nach Haßfurt. Die Haßfurter Ritterkapelle ist ebenfalls ein alter Marienwallfahrtsort, denn neben den über 200 Wappen sind in der spätgotischen Kirche Rücken an Rücken zwei Pietàs zu finden. Bis zum Ziel der dritten Route sind noch zwei Etappen an der Peripherie der Haßberge zu bewältigen: Maria vom Sieg in Greßhausen und die Kerlachkapelle Mariä Schmerz in Stadtlauringen. Der erste Teil der Ostschleife endet an der Rokoko-Kirche Mariä Geburt in Ipthausen.

Zunächst nahe der Grenze zu Thüringen durch Saal an der Fränkischen Saale (Findelbergkirche), Mellrichstadt (Großenbergkapelle) und Braidbach (Wallfahrtskirche St. Ulrich) verläuft der vierte Abschnitt. Die nun folgende Südschleife durch das Gebiet der Fränkischen Saale

Mariensäule im Steigerwald

Kreuzberg/Rhön

berührt Münnerstadt (in der Nähe das Kloster Maria Bildhausen, die Kirche Mariä Himmelfahrt und die Rannunger Talkirche), Bad Kissingen (Kapelle am Terzenbrunn und Marienkapelle), Windheim (Kirche Mariä Geburt) und Unterebersbach (Maria-Schnee-Kirche). Ziel der zahlreichen Pilger am nächsten Wallfahrtsort sind die drei Kreuze auf dem 864 Meter hoch gelegenen Kreuzberg bei Bischofsheim an der Rhön. Weiter nach Norden geht es bis zum Ehrenberg. Hier muss man mit hunderten Stufen einen beachtlichen Anstieg bewältigen, um Maria seine Anliegen vorzutragen. Erschwerend kommt hinzu, dass der Zugang nur an bestimmten Tagen möglich ist, da Maria Ehrenberg mitten im Truppenübungsplatz Wildflecken liegt. Weiter südlich bei Hammelburg befindet sich die

Saaletal bei Hammelburg

Wallfahrtskirche Maria Steinthal. Zurück im Fränkischen Weinland kann in Eckartshausen bei Werneck Station in der Wallfahrtskirche Mariä Heimsuchung eingelegt werden. In Arnstein zieht Maria Sondheim Pilger an. Bevor der Pilgerweg wieder zu seinem Ausgangspunkt Würzburg zurückkehrt, pilgert man noch zum Kloster Fährbrück und zur Marienkirche bei Hausen. (PF)

Würzburg

Informationen:

An- und Abreise: mit Zug oder Auto nach Würzburg; zahlreiche Fern- und Nahverkehrsverbindungen bis Würzburg Hbf

Entfernung: ca. 900 km

Einteilung: individuelle Einteilung in Etappen und das Gehen von Teilstrecken möglich

Profil: Anstiege in den fränkischen Mittelgebirgen (Rhön, Steigerwald, Haßberge, Spessart und Odenwald)

Markierung: blau-rot-weiße Schilder mit einer stilisierten Madonna mit Jesuskind

Stempelstellen: Pfarrämter und Klöster

Pilgerausweis: www.fraenkischer-marienweg.de, 3 €

Übernachtungen: Hinweise auf www.fraenkischer-marienweg.de oder über die örtlichen Tourist-Informationen

Literatur: Wandern und Radeln auf dem Fränkischen Marienweg, Galli Verlag, 2. Aufl. 2011 (mit zahlreichen Karten)

Kontakt: Verein der Freunde und Förderer des Fränkischen Marienwegs, Wallfahrtshaus Käppele, Spittelbergweg 21, 97082 Würzburg, Tel.: 0931/79 40 77 60, www.fraenkischer-marienweg.de (mit Karte, Bildern und Übernachtungsmöglichkeiten), e-Mail: info@fraenkischer-marienweg.de oder ulrike.shanel@bistum-wuerzburg.de; www.wallfahrt.bistum-wuerzburg.de (ausführliche Informationen zu allen Wallfahrtsorten, Gottesdienstzeiten und Kontaktdaten)

Crescentia-Pilgerweg

Der im Jahr 2003 eröffnete Crescentia-Pilgerweg verbindet Kaufbeuren, Irsee, Ottobeuren und Mindelheim. Auf 86 Kilometern führt er durch die Allgäuer Voralpenlandschaft, vorbei an malerischen Dorfkirchen und bedeutsamen Kunstschätzen. Der Weg erinnert an das Leben und Wirken der hl. Crescentia von Kaufbeuren, die als Anna Höss am 20. Oktober 1682 in Kaufbeuren zur Welt kam. Sie wurde 1703 im Kloster der Franziskanerinnen aufgenommen und nahm den Namen Crescentia an. Bald suchten Bischöfe, Äbte und selbst die Kurfürstin bei ihr Rat. Im Jahre 1741 wurde Crescentia zur Oberin des Klosters gewählt. Kurze Zeit nach ihrem Tod am 5. April 1744 setzten Wallfahrten zu ihrem Grab ein. Crescentia wurde im Jahre 1900 selig- und 2001 heiliggesprochen.

Ausgangspunkt des Pilgerweges ist das Crescentia-Kloster in Kaufbeuren, in dem die Heilige 41 Jahre lebte. Ihre Reliquien befinden sich in der Klosterkirche. Von Kaufbeuren führt das erste Wegstück durch die so genannte »Hölle« bei Kleinkemnat zum Gut Bickenried und weiter nach Irsee. An die enge Verbindung zwischen dem Kloster Kaufbeuren und dem Benediktinerkloster Irsee erinnert eine Reliquie der hl. Crescentia in der Klosterkirche.

Hl. Crescentia

Durch ein wildromantisches Waldstück verläuft der Weg nach Eggenthal mit der ehemaligen Wallfahrtskirche Maria Seelenberg. Hinter Wineden verlässt der Weg die Hochfläche mit dem beeindruckenden Alpen-Panorama und führt nach Markt Rettenbach. Hier sind sowohl die Pfarrkirche St. Jakobus als auch die Wallfahrtskirche Maria Schnee sehenswert. Ein malerischer Berg- und Tal-

Kaufbeuren

Kloster Irsee

Klosterkirche Ottobeuren

weg führt weiter nach Ottobeuren. Das Kloster wurde 764 gegründet und zählt heute zu den größten barocken Klosteranlagen Europas und beherbergt eine bedeutsame Bibliothek.

Verachte die kleinen und geringen Dinge nicht.
Strebe danach, alle täglichen Verrichtungen,
so klein und gering sie immer sein mögen,
vollkommen zu tun.

Hl. Crescentia von Kaufbeuren

Aus dem Günztal hinaus führt der Weg weiter durch Frechenried nach Mussenhausen mit der Wallfahrtskirche Unserer Lieben Frau vom Berge Karmel. Weiter geht es am Flüsschen Auerbach entlang nach Stetten. Über den Rechberg gelangt man nach Mindelheim. Das Franziskanerkloster Heilig Kreuz, das eine enge Verbindung zu den Franziskanerinnen in Kaufbeuren pflegte, wurde 1456 gegründet. Neben dem Kloster lohnen auch die Pfarrkirche St. Stephan und die ehemalige Jesuitenkirche Mariä Verkündigung einen Besuch.

Von Mindelheim kehrt man zurück ins 28 Kilometer entfernte Kaufbeuren. Der Weg führt an der Mindel entlang nach Apfeltrach mit der Wallfahrtskirche St. Leonhard. Über Dirlewang geht es durch ein ausgedehntes Waldgebiet in Richtung Baisweil. Am Ortseingang versteckt sich direkt am Pilgerweg eine der hl. Jungfrau von Fatima geweihte Grotte. Begleitet von der abwechslungsreichen Allgäuer Landschaft führt der Weg über Oggenried und Irsee zurück nach Kaufbeuren. (SE)

Mindelheim

Informationen:

An- und Abreise: mit Zug oder Auto nach Kaufbeuren.

Entfernung: 86 km

Einteilung: 4 Tagesetappen zwischen 17 und 28 km; aber auch individuelle Einteilung möglich, je nach Kondition oder Zeitbudget

Profil: verhältnismäßig große Höhenunterschiede in der Allgäuer Hügellandschaft

Markierung: gelbe Hinweisschilder mit Abbildung der hl. Crescentia

Übernachtungen: www.kaufbeuren-tourismus.de/pilgern/crescentia-pilgerweg/gastgeber-am-pilgerweg.html; Kaufbeurer Hotels bieten für Pilgerreisende besondere Übernachtungspauschalen

Literatur: Sr. Irene Schlegel, Wenn Wandern zum Pilgern wird (erhältlich beim Crescentiakloster und beim Verkehrsverein Kaufbeuren); Karte und Wegbeschreibung unter www.kaufbeuren-tourismus.de/pilgern/crescentia-pilgerweg.html

Kontakt: Kaufbeuren Tourismus- und Stadtmarketing e.V., Kaiser-Max-Straße 3a, 87600 Kaufbeuren / Allgäu, Tel.: 08341/437-850, www.kaufbeuren-tourismus.de/pilgern/crescentia-pilgerweg.html (mit Veranstaltungshinweisen zu geführten Pilgerwanderungen, interaktiven Wanderkarten, Etappeneinteilung und Höhenprofil), e-Mail: tourist-info@kaufbeuren.de

Hemmapilgerweg Admont-Gurk

Das Grab der hl. Hemma im Dom zu Gurk in Kärnten ist das Ziel des Hemmapilgerweges. Seit 2002 lädt dieser Weg ein, auf acht verschiedenen Routen mit einer Gesamtlänge von ca. 800 Kilometern nach Gurk zu pilgern. Dabei konnte man an die Tradition der seit 1607 bestehenden Krainerwallfahrt anknüpfen.

Die dritte Route des Hemmapilgerweges startet am Benediktinerstift Admont. In sieben Etappen führt der anspruchsvolle Weg über 185 Kilometer bis nach Gurk. Auf den bis zu 35 Kilometer langen Abschnitten sind große Höhenunterschiede zu überwinden.

Stift Admont wurde im Jahr 1074 gegründet und mit den Besitzungen der hl. Hemma ausgestattet. Ein Brand zerstörte 1865 fast das gesamte Kloster, die Kirche baute man im neogotischen Stil wieder auf. Vom Brand verschont blieb die wertvolle spätbarocke Bibliothek mit

Hemma von Gurk

Hemma kam als Tochter einer von Kaiser Arnulf von Kärnten belehnten Familie vermutlich zwischen 995 und 1000 zur Welt. Nach dem Tod ihres Mannes Graf Wilhelm II. gründete Hemma im Jahr 1043 in Gurk ein adliges Damenstift. Sie trat vermutlich als Laienschwester in das Kloster ein und starb dort um 1045. Auch die Gründung des Stiftes Admont geht auf Hemma zurück. Bald nach ihrem Tod verehrte die Bevölkerung Hemma, die ein gläubiges Leben führte und für ihre Gerechtigkeit gerühmt wurde. Im Jahre 1287 wurde Hemma selig- und 1938 heiliggesprochen.

über 1400 Handschriften und mehr als 1000 Wiegendrucken. Von Admont führt der Weg zur Wallfahrtskirche Frauenberg und nach Lassing. Hier beginnt die zweite Tagesetappe. In Irdning laden die Pfarrkirche und das

Stift Admont

Murau

Kapuzinerkloster zu einem Besuch ein. Via Winklern erreicht man Donnersbach. Nun führt der Weg beständig bergan nach Donnersbachwald, zum zweiten Tagesziel. Anspruchsvoll wird es am dritten Tag. Die Route führt über das 1988 Meter hohe Glattjoch, den höchsten Punkt des Pilgerweges. Belohnt wird der Pilger hier mit einem herrlichen Ausblick in die Bergwelt. Steil bergab führt die Route nach Oberwölz, in die kleinste Stadt der Steiermark mit ihrem mittelalterlichen Stadtkern. Hohe Ansprüche stellt auch der vierte Abschnitt. Vorbei an der Wallfahrtskirche Winklern und über St. Peter am Kammersberg bezwingt der Wanderer den 1817 Meter hohen Stolzalpengipfel. Nun geht es rund 800 Höhenmeter bergab nach Murau. Etwas weniger anstrengend führt der fünfte Abschnitt über das Taler Eck (1642 Meter) zum Benediktinerstift St. Lambrecht. Am vorletzten Tag geht es zunächst bergauf zum Auerlingsee und weiter zur Kärnt-

St. Lambrecht

ner Landesgrenze. Talabwärts führt der Weg nach Ingolsthal, hinauf zum Perzl Kreuz und dann hinab nach Metnitz. Hier lohnt das Brauchtumsmuseum einen Besuch. Auch die letzte Etappe hält noch einige Anstiege bereit. Vorbei an der Wallfahrtskirche St. Wolfgang geht es hinunter nach Grades und weiter bergauf durch einen Hochwald auf die Prekowa (1174 Meter). Nun steigt man hinab ins Gurktal und erreicht nach etwa 8 Kilometern die Domstadt mit dem Grab der hl. Hemma. (DK)

Fresko im Dom zu Gurk

Informationen:

An- und Abreise: mit Zug oder Auto nach Admont und zurück ab Gurk; mit Bus nach Treibach-Althofen, weiter mit Zug nach Leoben, Umstieg nach Liezen, mit Bus nach Admont (ca. 4 h)

Entfernung: 185 km

Einteilung: 7 Etappen (zwischen 16 und 35 km), individuelle Einteilung schwierig (lange Wege ohne Quartier)

Profil: sehr große Höhenunterschiede (ca. 1400 m)

Markierung: gelb-braune Hinweisschilder mit dem Gurker Dom und Schriftzug

Stempelstellen: Möglichkeit, in Kirchgemeinden, Unterkünften oder Gaststätten Stempel zu sammeln

Pilgerausweis: www.kath-kirche-kaernten.at/behelfsdienst-shop

Übernachtungen: Hotels, Gasthöfe, Pensionen – zahlreiche Hinweise siehe Literatur

Literatur: Monika Gschwandner-Elkins, Hemma-Pilgerwege, Freytag-Berndt u. Artaria KG, 1. Aufl. 2007; Download von Übersichtskarte und 3 Broschüren unter www.kath-kirche-kaernten.at/dioezese/orgdetail/C3337/hemmapilgerweg

Kontakt: Hemma Pilgerweg, St.-Peter-Hauptstraße 243, A-8042 Graz, Tel.: +43(0)316/4003-0, www.steiermark.com, e-mail: info@steiermark.com

Leonhardsweg

Der im Jahre 2008 eröffnete Leonhardsweg führt über ca. 135 Kilometer vom Salzburger Dom zur Wallfahrtskirche St. Leonhard bei Tamsweg. Tamsweg liegt im Südosten des Bundeslandes Salzburg in einem breiten Talkessel, im Norden von den Niederen Tauern umrahmt.

Vom sehenswerten barocken Salzburger Dom, dem Ausgangspunkt des Pilgerweges, sind es etwa 11 Kilometer zur Kirche St. Leonhard in Grödig. Die Wallfahrtskirche liegt malerisch am Untersberg und vereint verschiedene Baustile. Von der Leonhardskirche geht es ein längeres Stück an der Salzach entlang nach Hallein. Neben der Pfarrkirche ist hier auch das Stille-Nacht-Museum sehenswert. Es befindet sich in den Räumen, in denen Franz Xaver Gruber lebte, der die Melodie für das berühmte Weihnachtslied schrieb.

Der Weg führt weiter nach Bad Vigaun. Von der Pfarrkirche geht es bachaufwärts bis zur Römerbrücke, der ältesten erhaltenen Brücke im Salzburger Land. Wald- und Forstwege führen nach St. Koloman. Über Wegscheid verläuft der Pfad an der Wilhelmskapelle vorbei bis zum Seewaldsee, wo man dem Seerundweg bis zur Forststraße folgt. Auf einer landschaftlich sehr reizvollen Strecke erreicht man Abtenau. Hier ist die Pfarrkirche St. Blasius aufgrund ihres barocken Hochaltars aus dem Jahr 1675 sehenswert.

Salzburg, Dom

Befiehl dem Herrn deinen Weg und
vertrau ihm; er wird es fügen.
Psalm 37, 5

Seewaldsee

Filzmoos

Entlang des Breitenbergrundwegs an der Hubertuskapelle vorbei geht es weiter nach Annaberg. Über Filzmoos und Mandling erreicht man Forstau. Unterhalb der Pfarrkirche liegt die über 100 Jahre alte Lourdeskapelle mit Tropfsteinen aus Lourdes und einer Lourdesmadonna.

Nach etwa 26 Kilometern erreicht man über Oberhütte Weißpriach. Hier lädt die Kirche St. Rupert zur inneren Einkehr ein. Bemerkenswert sind vor allem die romanischen Fresken aus dem 11. und 12. Jahrhundert sowie eine geschnitzte Statue des hl. Leonhard. Über Wanderwege gelangt man zur Hubertuskapelle und weiter nach Mariapfarr. Besonders beachtenswert sind die Wallfahrtskirche und das Pfarr- und Wallfahrtsmuseum, zu dem das Stille-Nacht-Museum gehört. Es erinnert an Joseph Mohr, der in Mariapfarr den Text des weltbekannten Weihnachtsliedes schrieb.

Tamsweg, St. Leonhard

Von Mariapfarr sind es noch zwei Stunden Fußweg bis zur Wallfahrtskirche St. Leonhard bei Tamsweg. Die Kirche steht am Abhang des Schwarzenbergs. Sie soll 1421 an dieser Stelle gebaut worden sein, nachdem eine Leonhardstatue dreimal aus der Tamsweger Pfarrkirche verschwand und in einem Wacholderstrauch über der Ortschaft wieder auftauchte. Noch heute steht die Statue auf einem Wacholderstamm. (SE)

Hl. Leonhard

Leonhard von Limoges lebte im 6. Jahrhundert. Er war ein fränkischer Adelssohn und lebte als Eremit in Zentralfrankreich, wo er der Königin als Geburtshelfer beistand. Zum Dank bekam er eine Waldfläche geschenkt, auf der er das Kloster Noblat gründete. Er kümmerte sich von Jugend an um Gefangene, weshalb er meist mit einer Kette in der Hand dargestellt wird. Später interpretierte man die Kette als Viehkette, und Leonhard wurde zum Patron der Viehherden und Pferde.

Informationen:

An- und Abreise: mit Zug oder Auto nach Salzburg; zahlreiche Fernverbindungen bis Salzburg Hbf; von Tamsweg morgens direkte Busverbindung nach Salzburg (ca. 2¼ h); sonst Bus und Bahn, 2–3 Umstiege erforderlich (2¾–4h)

Entfernung: 135 km

Einteilung: individuelle Einteilung in Etappen möglich, je nach Kondition oder Zeitbudget

Profil: sehr große Höhenunterschiede (1450 m)

Markierung: grün-gelbe Hinweisschilder mit dem Symbol einer Kirche und Schriftzug

Übernachtungen: Hotels, Gasthöfe, Ferienhäuser, Gaststätten – Hinweise unter www.leonhardpilgerweg.at/index.php?option=com_content&view=article&id=60&Itemid=82

Literatur: Karte und Wegbeschreibung zum Download unter www.leonhardpilgerweg.at

Kontakt: Pfarre Tamsweg, Dechantsbühel 4, A-5580 Tamsweg, Tel.: +43(0)650/9265042, www.leonhardpilgerweg.at, e-Mail: tvb@tamsweg.at

Weg des Buches

Der im Jahr 2008 eröffnete Weg durch Oberösterreich, die Steiermark, Salzburg und Kärnten ist kein traditioneller Pilgerweg. Mitten im katholischen Österreich entstand er aus rein protestantischer Initiative. Am Weg liegen außerdem kaum typische Pilgerziele wie Kirchen, Klöster oder Wallfahrtsorte. Und nicht zuletzt ist er eigentlich gar kein Pilgerweg, sondern eine alte Schmugglerroute.

Zwischen 1630 und 1781 brachten Buchhändler, junge Abenteurer und überzeugte Protestanten heimlich reformatorische Schriften, Gebet- und Gesangbücher sowie vor allem Lutherbibeln nach Österreich. Diese Bücher waren damals dort verboten. Und so geht es auf diesem Pilgerweg nicht um das von Luther abgelehnte Sündenablass-Pilgern, sondern um eine intensive Auseinandersetzung mit dem damals so heiß begehrten und kostbaren Buch der Bücher.

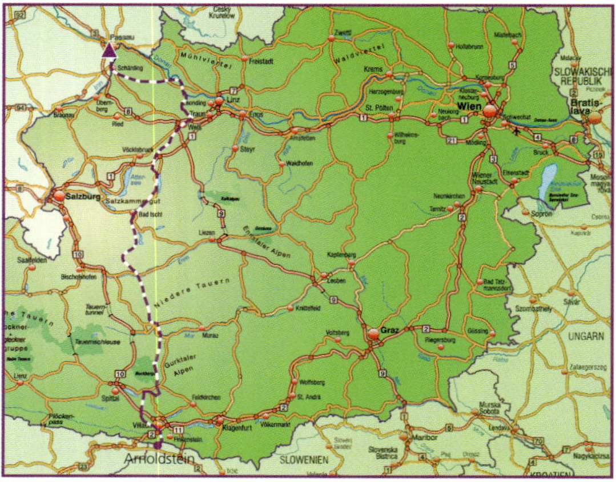

Passau

Der »Weg des Buches« beginnt im bayerischen Passau. In das nur 20 Kilometer entfernte Ortenburg, eine protestantische Enklave inmitten des katholischen Bayern, durften evangelische Bücher noch frei geliefert werden. Auf dem weiteren Weg jedoch musste die illegale Ware gut versteckt sein.

Bei Schärding überquert man den Inn und die Grenze zu Österreich. Früher fahndeten hier Zöllner nach verbotenen Büchern. Entlang des Flusses Pram wandert man über Taufkirchen Richtung Peuerbach. Die Gegenreformation entfachte hier im 17. Jahrhundert einen Bauernaufstand, wie man im Bauernkriegsmuseum erfahren kann. Nun folgt der Weg dem Verlauf der Aschach nach Eferding. Hier ist ein evangelisches Bethaus zu finden. Die Gotteshäuser der Protestanten durften, selbst nach dem Toleranzpatent von 1781, äußerlich nicht als Kirchen er-

Eferding, Evangelische Kirche

Rutzenmoos, Evangelisches Museum

kennbar sein. Deshalb wurde das schlichte Bethaus ohne Turm gebaut. Via Bad Schallerbach und Krenglbach kommt man nach Wels. Auf dem Weg nach Lambach durchquert man eine herrliche Auenlandschaft. Bei Attnang-Puchheim verlässt man die Flussaue, um in Rutzenmoos das evangelische Museum zu besichtigen, in dem man viel über den Geheimprotestantismus und ausgetüftelte Bibelverstecke erfährt.

Weitere geschichtsträchtige Orte folgen: In Gmunden wurden Protestanten gefangen gehalten. Bei der Wanderung am Ufer des Traunsees entlang trifft man bei Traunkirchen auf den Baalstein, der als heimliche Gedenkstätte für Protestanten diente, die auf Grund ihrer Konfession nicht auf dem Friedhof beerdigt, sondern in Moor und Wald verscharrt wurden.

An der Traun

Tennengebirge

Auf dem Soleweg entlang der Traun geht es hinein ins Salzkammergut nach Bad Ischl und Bad Goisern. Aus dem »Ketzernest« Goisern wurden 1734 viele Protestanten deportiert, ihre Kinder behielt man zur katholischen Erziehung zurück. Während die Traun immer wilder wird, die Wege enger und abenteuerlicher, bekommt man allmählich den Eindruck, auf Schmugglerpfaden unterwegs zu sein.

Herr, Gott meines Herrn Abraham,
lass doch die Reise gelingen,
auf der ich mich befinde.

1. Mose 24,42

Bei Bad Goisern gibt es zwei Alternativen. Beide führen an gut versteckten Höhlen vorbei, die als Treffpunkte der Protestanten dienten. Die Routen treffen sich am Vorderen Gosausee wieder. Der nun folgende anstrengende Aufstieg wird durch das Panorama des Dachsteinmassivs und den Blick auf das Tennengebirge entlohnt. Man klettert um die 2459 Meter hohe Bischofsmütze herum, und erst nach der Überwindung des Sulzenschneids geht es wieder bergab nach Ramsau. Die Ramsauer sind heute noch überwiegend evangelisch. Früher versammelten sich die ver-

Ramsau, Evangelische Kirche

folgten Protestanten an einer in der Nähe gelegenen Felsformation, dem »Predigtstuhl«.

Die Niederen Tauern kann man auf zwei Routen von Schladming nach Tamsweg durchqueren. Die östliche führt über die Ursprungsalm, den Giglachsee und den Znachsattel (ca. 2000 Meter). Die westliche über die Preintalerhütte, hoch zur Breiten Scharte (ca. 2400 Meter) und hinab ins urtümliche Lessachtal. Hinter Tamsweg und Ramingstein stehen die Nockberge mit zahlreichen kräftezehrenden Auf- und Abstiegen, Gratwanderungen, aber auch herrlichen Ausblicken an, etwa vom Kleinen (2254 Meter) und Großen Königstuhl (2336 Meter). Über den Mirnock (2110 Meter), von dem aus man den Millstätter See sieht, läuft man nach Fresach im unteren Drautal. Hier steht ein original erhaltenes Bethaus mit evangelischem Museum.

Millstätter See

Auf direktem Weg gelangt man nach Bad Bleiberg, allerdings verpasst man dabei den Weißensee, die Gailtaler Alpen und den Pressеggersee. Hinter Bad Bleiberg stößt man auf Villach. Auf einer alten Römerstraße verläuft die letzte Etappe von Villach nach Arnoldstein. Weil im Dreiländereck von Österreich, Italien und Slowenien die Schmugglerpfade eigentlich noch nicht endeten, ist eine Fortsetzung des Pilgerwegs ins slowenische Krain geplant. (PF)

Informationen:

An- und Abreise: mit Auto oder Zug (im ICE keine Fahrradmitnahme!) nach Passau und zurück ab Arnoldstein; Arnoldstein-Passau mit Umstieg in Villach, Salzburg und Wels (ca. 7–8 h)

Entfernung: ca. 630 km

Einteilung: 27 Etappen (4 Rad- und 23 Fußetappen); individuelle Einteilung möglich, außer in den alpinen Regionen (seltenere Unterkunftsmöglichkeiten)

Profil: sehr große Höhenunterschiede (ca. 2100 m); alpine Erfahrung, Trittsicherheit und Schwindelfreiheit nötig

Markierung: Hinweisschilder mit Schriftzug unter stilisiertem Buch und Kreuz

Stempelstellen: Möglichkeit, in Kirchgemeinden, Unterkünften oder Gaststätten Stempel zu sammeln

Pilgerausweis: Bestellung über www.wegdesbuches.at (3 €)

Übernachtungen: Hotels, Pensionen, Gasthöfe, Jugendfreizeitheime, Ferienhäuser, Berghütten, Camping – Hinweise auf www.wegdesbuches.at und bei den jeweiligen Tourist-Informationen

Literatur: Werner Bartl: Österreich – Weg des Buches, Conrad Stein Verlag, 1. Aufl. 2010; Michael Bünker und Margit Leuthold (Hg.): Der Weg des Buches, Edition Tandem, 2009

Kontakt: Evangelische Kirche A. B. in Österreich, Severin-Schreiber-Gasse 3, A-1180 Wien, Tel.: +43(0)1/4791523-111, www.wegdesbuches.at (mit Pilgerberichten, Bildern, interaktiver Karte, Radweg-Etappen und Übernachtungsmöglichkeiten), e-mail: c.matthias@evang.at

---

Bruder-Klausen-Weg

Der Bruder-Klausen-Weg beginnt an der Pfarrkirche St. Peter und Paul in Stans. Bevor man sich auf den Weg die Knirigasse hinauf zur Kapelle »Maria zum Schnee« macht, lohnt ein Abstecher vorbei am Winkelried-Denkmal zur ehemaligen Kapuzinerkirche. Dort befindet sich ein Andachtsbild des Nikolaus von Flüe.

Die Strecke des Bruder-Klausen-Wegs von Stans nach Ranft ist mit einer historischen Begebenheit verknüpft: Kurz vor Weihnachten 1481 ritt der Pfarrer und Freund von Bruder Klaus, Heimo Amgrund, hier entlang, um der Tagsatzung in Stans den Rat des Eremiten zu übermitteln. Sein Rat brachte die zerstrittenen Parteien dazu, Frieden miteinander zu schließen.

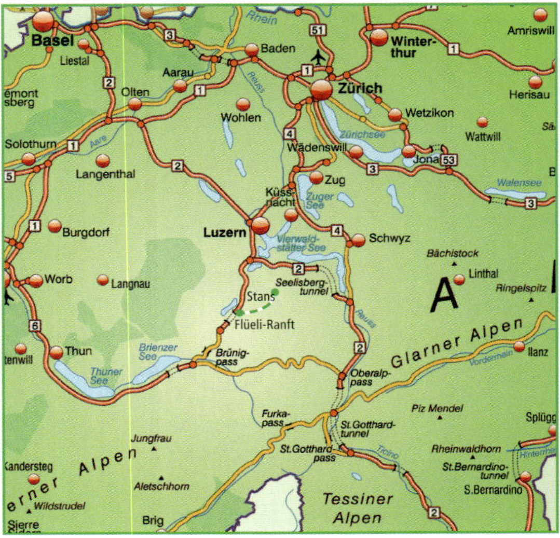

Bruder Klaus

Nikolaus von Flüe kam 1417 im Flüeli in der Gemeinde Sachseln im heutigen Kanton Obwalden zur Welt. Der Ehemann und zehnfache Vater, der auch Ratsherr war, gab im Alter von 50 Jahren sein bisheriges Leben auf und verließ seine Familie, um fortan als Einsiedler zu leben. Während der 19 Jahre seines Einsiedlerlebens nahm er außer der heiligen Kommunion keine feste Nahrung zu sich. In der Ranftschlucht ist neben zwei Pilgerkapellen seine Zelle erhalten, in die er sich 1467 zurückzog. Hier lebte Bruder Klaus bis zu seinem Tod 1487 und widmete sich vor allem der Betrachtung des Leidens Christi. Heute ist Nikolaus von Flüe der Schutzpatron der Schweiz.

Weiter führt der Weg nach Hubel, über den Aussichtspunkt Murmatt, Obwil und Wilti. Eine Rast kann man im Wald Rohrnerberg einlegen. Danach geht es zum kleinen Dorf Halten und über den Rübibach weiter nach Rüttimattli. Mit dem Mehlbach überschreitet man kurz darauf die Kantonsgrenze von Nidwalden zu Obwalden. Via Äberen führt der Weg weiter zum »Maichäppeli« und in Richtung Lätten und

Stans, Winkelried-Denkmal

Betrachtungsbild von Bruder Klaus

Gisigen zur Kapelle St. Antoni. Über die Egg erreicht man schließlich St. Niklausen, den mit 773 Metern höchstgelegenen Punkt des Weges. Hier hat man eine schöne Aussicht auf Flüeli-Ranft, die umliegenden Berge und den Sarnersee. Ein kleiner Umweg führt zur Kapelle St. Niklausen aus dem 14. Jahrhundert. Nun geht es steil hinab in den Ranft, wo die Melchaa fließt, und wieder bergan zum Endpunkt des Bruder-Klausen-Wegs. In Flüeli-Ranft kann man Geburtshaus, Wohnhaus und Zelle des Eremiten sowie die beiden Ranftkapellen besichtigen.

Mein Herr und mein Gott,
nimm mich mir und gib mich
ganz zu eigen dir.

Bruder Klaus

Flüeli-Ranft, Obere Ranftkapelle

Der Visionenweg führt vom Geburtshaus im Flüeli zur Grabkapelle von Bruder Klaus nach Sachseln. Beim Wandern und Betrachten der sechs Kunstwerke zu den Visionen des Nikolaus von Flüe und seiner Frau kann meditativ der innere und äußere Lebensweg des Heiligen nachvollzogen werden. Als Abschluss bietet sich in Sachseln der Besuch des Nikolaus von Flüe gewidmeten Museums an. (PF)

Wohnhaus des Nikolaus von Flüe

Informationen:

An- und Abreise: A2 von Basel über Luzern Richtung Gotthard, Verzweigung Lopper auf die A8 Richtung Sarnen/Interlaken, Ausfahrt Sarnen-Süd/Sachseln, weiter nach Sachseln und Flüeli-Ranft; mit der Bahn über Zürich nach Luzern, dort mit S5 Richtung Giswil bis Sachseln, weiter mit Bus 351 nach Flüeli-Ranft

Entfernung: ca. 16 km (4½ h Gehzeit) bzw. Weg der Visionen ca. 4 km (1 h Gehzeit)

Profil: ca. 320 m bzw. Weg der Visionen ca. 240 m Höhenunterschied

Markierung: das radförmige Visionsbild von Bruder Klaus auf grünem Grund, außerdem Nr. 571 und Schriftzug

Übernachtungen: Hotels, Gasthöfe, Ferienwohnungen, Jugendunterkunft Bruder Klaus, Camping – Hinweise auf www.tourismusstans.ch/uebernachten oder www.flueliranft.ch

Literatur: Lothar Emanuel Kaiser: Bruder Klaus und seine Heiligtümer, Kunstverlag Josef Fink, 2. Aufl. 2007; Bruder-Klausen-Weg. Weg der Visionen, Bruder-Klausen-Stiftung, Wallfahrtssekretariat, 1992

Kontakt: Wallfahrtssekretariat, Pilatusstraße 12, Postfach 125, CH-6072 Sachseln, Infotelefon: +41(0)41/660 44 18, www.bruderklaus.com, e-mail: wallfahrt@bruderklaus.com

Schweizer Jakobswege

Viele Wege führen zum Grab des hl. Jakobus. Die zwei wichtigsten aus dem Nordosten kommenden Routen erreichen bei Konstanz und Rorschach am Bodensee die Schweiz. In Einsiedeln – dem meist besuchten Wallfahrtsort der Schweiz – laufen sie zusammen.

In Konstanz bildet das Münster den Ausgangspunkt. Der Wegabschnitt von Konstanz bis Rapperswil ist auch als »Schwabenweg« bekannt und z.T. mit weiß-blauen Wegweisern noch so gekennzeichnet. Jahrhundertelang diente er als Hauptroute für Pilger aus Süddeutschland, v.a. aus Schwaben. Von Rapperswil aus führt ein Holzsteg über den Zürichsee, ein besonderes Erlebnis vor dem kräftezehrenden Anstieg zum Etzel-Pass auf 950 Meter Höhe.

Die von Rorschach nach Einsiedeln kommenden Pilger sehen unterwegs St. Gallen mit seiner barocken Stiftskirche und können sich entscheiden, ob sie den Zürichsee auf dem Pilger-Holzsteg überqueren oder lieber am Ufer umgehen wollen.

Konstanz, Münster

St. Gallen

Lässt man Einsiedeln hinter sich, muss der 1414 Meter hoch gelegene Haggenegg-Pass bezwungen werden, bevor am Vierwaldstättersee – der nur mit dem Schiff überquert werden kann – die aus dem Südosten kommenden Pilger dazu stoßen, die in Müstair ihre Wallfahrt begonnen haben. Sie sind auf dem »Graubündenweg« durch

Einsiedeln

Vierwaldstätter See

den gleichnamigen Kanton und damit durch manchmal selbst im Sommer noch verschneite Hochgebirgslandschaften gekommen.

> *Pilgern heißt, eine Richtung zu haben,*
> *auf ein Ziel zugehen. Dies gibt auch dem Weg*
> *und seiner Mühsal eine Schönheit.*
>
> *Papst Benedikt XVI.*

Gemeinsam steuert man durch die Urkantone der Schweiz schon auf das nächste zentrale Schweizer Pilgerziel, Flüeli-Ranft, zu. Dort hat der Schweizer Nationalheilige und Schutzpatron Nikolaus von Flüe als Einsiedler gelebt. Ihm ist das Wegstück von Stans nach Flüeli-Ranft gewidmet: der Bruder-Klausen-Weg (s. S. 112–115). Weiter führt die Route entlang am Sarner- und Lungernsee und über den Brünigpass durch das Berner Oberland. Ein Halt lohnt im malerisch zwischen Brienzer- und Thunersee gelegenen Interlaken und in Amsoldingen mit der ottonischen Basilika St. Mauritius.

Eine kürzere und flachere Alternative ist der Luzernerweg oder »Caritasweg«. Er führt von Luzern, wo man in

Interlaken

der Franziskanerkirche eine seltene Darstellung der Geschwister Jakobus und Johannes mit ihren Eltern besichtigen kann, über Werthenstein, Willisau, Huttwil, Burgdorf, südlich an Bern vorbei und endet vor Rüeggisberg, wo er sich wieder mit dem Oberen Jakobsweg trifft.

In Schwarzenburg und St. Antoni heißt es für die Pilger zum letzten Mal »Grüezi«, denn in Fribourg beginnt die französischsprachige Schweiz. Die alten Pilger-Gasthäuser, viele Klöster, Kirchen und die Kathedrale weisen Fribourg als ein wichtiges Pilgeretappenziel aus. Weiter geht es durch liebenswerte Dörfer und die Städtchen Romont und Moudon nach Lausanne an den Genfer See. In der lebendigen Stadt findet man zahlreiche mittelalterliche Gebäude, darunter die gotische Kathedrale Notre-Dame. Immer an den von Weinbergen gesäumten Seeufern entlang verläuft die letzte Etappe des Schweizer Jakobsweges zur Calvin-Stadt Genf.

Amsoldingen, St. Mauritius

Lausanne, Kathedrale

Weltoffen und tolerant begegnet Genf allen Pilgern und Besuchern. Ein friedliches Zusammenleben der verschiedenen Nationen, Sprachen und Konfessionen ist in der zweitgrößten Stadt der Schweiz heute selbstverständlich. Das wird deutlich, wenn der Jakobsweg am UNO-Gebäude, an der katholischen Basilika Notre-Dame ebenso wie der reformierten Kathedrale St.-Pierre vorbeiführt.

In der südwestlichsten Ecke der Schweiz endet der Schweizer Jakobsweg – in Sichtweite Frankreich, das

Weinberge am Genfer See

ebenso wie Spanien noch zu durchqueren ist. Es bleiben noch ganze 1854 Kilometer, will man Santiago de Compostela erreichen. (PF)

Informationen:

An- und Abreise: mit Zug oder Auto nach Konstanz; von Genf mit IC-/IR-Zügen und Umstieg in Zürich nach Konstanz (ca. 4¼ h)

Entfernung: ca. 430 km (Konstanz-Genf)

Einteilung: 19 Etappen (zwischen 16 und 30 km); individuelle Einteilung möglich, je nach Kondition oder Zeitbudget

Profil: gebirgige Strecken und Pässe, aber auch leicht zu wandernde Etappen; 1050 m Höhenunterschied; gesamtes Höhenprofil: www.fink-medien.ch/web/index.php?id=47

Markierung: Der Jakobsweg bildet die nationale Route Nr. 4 der Schweiz. Das Hinweisschild zeigt eine weiße Vier mit Schweizer Flagge auf grünem Grund, an zwei Seiten umgeben von einem blauen Band mit der gelben Jakobsmuschel darauf. Der Graubündenweg ist als Regionalroute 43 und ab Amberg mit einer 77 markiert.

Stempelstellen: Möglichkeit, in Kirchgemeinden, Tourist-Informationen oder Unterkünften Stempel zu sammeln

Pilgerausweis: pilgerpass@pilgerherberge-sg.ch; info@jakobsweg.ch, deutsche St. Jakobus-Gesellschaften

Übernachtungen: Hotels, Hostels, Ferienhäuser, Klöster und Bildungshäuser, Pilger- und Jugendherbergen, Accueil Jacquaire (Übernachtung bei Privatpersonen), Bauernhöfe mit Strohlager, Camping – zahlreiche Hinweise z. B. auf www.jakobsweg.ch oder www.viajacobi4.ch

Literatur: Hartmut Engel: Schweiz – Jakobsweg vom Bodensee zum Genfersee, Conrad Stein Verlag, 9. Aufl. 2015; Renate Florl: Jakobswege Schweiz. Von Konstanz, Rorschach und Rankweil bis Genf, Bergverlag Rother, 2. Aufl. 2014

Kontakt: Geschäftsstelle Jakobsweg, Unter den Häusern 12, Postfach 115, CH-3800 Unterseen, Tel.: +41(0)33/655 04 00, www.jakobsweg.ch (mit Karten, Etappeneinteilung, spirituellen Impulsen, Übernachtungsmöglichkeiten und Stempelstellen), e-mail: info@jakobsweg.ch

Ortsregister

Abbildungsnachweis

S. 4, 12, 20, 26, 34, 40, 48, 54, 60, 66, 72, 78 u., 80, 86, 94, 98, 102, 106, 112, 116 ©Artal s/fotolia; S. 5 o. ©AK-Photo Hannover/fotolia; S. 5 u. © eFesenko/shutterstock; S. 6 o. Krawczyk-foto/fotolia; S. 6 u., 17 u., 37 o., 59 © Udo Kruse/ fotolia; S. 7 o. Natalija Sirokova/fotolia; S. 7 m., u., 43 o., 45 u. ©ArTo/fotolia; S. 8 o. ©Thorsten Schier/fotolia; S. 8 u. © augenklicke/fotolia; S. 9 © Freigeist67/fotolia; S. 10 o. li. ©gabriele Planthaber/pixelio; S. 10 o. re. ©Anne Bermüller/pixelio; S. 10 u. © michaelaweber_97/fotolia; S. 11 © Marcel Delfs/ fotolia; S. 13 o., 15 u. © Rico K./fotolia; S. 13 u. Uwe Kautz/ fotolia; S. 14 o. © spuno/fotolia; S. 14 u. ©Ansebach/fotolia; S. 15 o. © Henner Damke/fotolia; S. 16 o. ©Anja Ergler/fotolia; S. 16 u. ©Wolfgang Karg/fotolia; S. 17 o. © amphibol/fotolia; S. 18 o. © Reimer/fotolia; S. 18 m. © mrp cture/fotolia; S. 18 u. © haitaucher39/fotolia; S. 21 o. © Bigmeck/Wikimedia Commons; S. 21 u. © fotobeam/fotolia; S. 22 o. © Mapics/fotolia; S. 22 u. © Martina Berg/fotolia S. 23, 25 © BildPix.de/fotolia; S. 24 o. li. © Sabine Menge/pixelio; S. 24 o. re. © picture alliance/dpa; S. 24 u. © Christian Schwier/fotolia; S. 27 © Losch/ Wikimedia Commons; S. 28 © Martina Berg/fotolia; S. 29 o. ©Antje Lindert-Rottke/fotolia; S. 29 u. ©rnr85/fotolia; S. 30 o. © Jahn Henne/Wikimedia Commons; S.30 u. © mirpic/fotolia; S. 31 ©ASonne30/fotolia; S. 32 o., m. © Leiftryn/fotolia; S. 32 u., 33, 81 o. © Dirk Klingner, Leipzig; S. 35 o. © Chris06/Wikimedia Commons; S. 35 u., 37 u. © BirgitMundtOsterwiec/ fotolia; S. 36 o., 41 u. © Uwe Graf/fotolia; S. 36 u. © Karina Baumgart/fotolia; S. 38 © aotearoa/fotolia; S. 39 © Rabanus Flavus/Wikimedia Commons; S. 41 o., 84 o. Pecold/fotolia; S. 41 m. © Peter Hermes Furian/fotolia; S. 42 o. © mihi/fotolia; S. 42 u. © Bürgi/fotolia; S. 43 u., 52 ©AndreasJ/fotolia; S. 44 o. © steschum/fotolia; S. 45 o. © Pecold/shutterstock; S. 46 o. © Markus Dick/fotolia; S. 46 u. © Erik Schumann/fotolia; S. 49 o. li. © t.s/pixelio; S. 49 o. re. © arsdigital/fotolia; S. 49 u. © yetishooter/fotolia; S. 50 © Christian Draghic /shutterstock; S. 51 o. ©Axel Gutjahr/fotolia; S. 51 u. © fotohansi/fotolia; S. 55 o. © El Gaucho/fotolia; S. 55 u. © Fensi/Wikimedia Commons; S. 56 o. li. © Hans-Jürgen Lange/fotolia; S. 56 o. re. © anyaivanova/shutterstock; S. 58 u. © Giorno2/Wikimedia

Commons; S. 57 o. © Gabriela Mehl/pixelio; S. 57 u., 101 © Johannes Lüthi/fotolia; S. 58 o. © Michael Sander/Wikimedia Commons; S. 58 u. © hecke71/fotolia; S. 61 o. © D.G.Pietsch/pixelio; S. 61 u. © Ophelia2/Wikimedia Commons; S. 62 © Uwe Fenner/fotolia; S. 63 o. © Jürgen Fälchle/fotolia; S. 63 u. © Dr. Klaus Lambrecht/Wikimedia Commons; S. 64 o. © Dirk Schmidt/pixelio; S. 64 u. © Hydro/Wikimedia Commons; S. 65 © Radames/fotolia; S. 67 © citylights/fotolia; S. 68 © helmutvogler/fotolia; S. 69 o. © Diana Heßner/Wikimedia Commons; S. 69 u., 74 o., 87, 89 u., 91 o. © mojolo/fotolia; S. 70 o. © Flexmedia/fotolia; S. 70 u. © vom/fotolia; S. 73 li. © Philip Lange/fotolia; S. 73 re. © Kristan/fotolia; S. 74 u. © Kruwt/fotolia; S. 75 © KarSol/fotolia; S. 76 o. © Berthold Werner/Wikimedia Commons; S. 76 u. © Stefan Körber/fotolia; S. 78 o., 79 © Tourist-Information Sankt Wendeler Land, S. 81 u. © Karl-Heinz Laube/pixelio; S. 82 © mbpicture/fotolia; S. 83 o. © hq13z/fotolia; S. 83 u. © Henry Czauderna/fotolia; S. 84 u. © Buesi/fotolia; S. 88, 92 o. © franziskus46/fotolia; S. 89 o. © Blickfang/fotolia; S. 90 © fotonolei/pixelio; S. 91 u. © WernerHilpert/fotolia; S. 92 u., 96 li. © traveldia/fotolia; S. 93 © valbunny/fotolia; S. 95 o. © Thomas Mirtsch/Wikimedia Commons; S. 95 u., 97 hwtravel/fotolia; S. 96 re. © Jean-Jacques Cordier/fotolia; S. 99 o. © Griensteidl/Wikimedia Commons; S. 99 u. © Stockr/fotolia; S. 100 © carinthian/fotolia; S. 103 o. © Gary/fotolia; S. 103 u. © schokokekx/fotolia; S. 104 o. © Creativemarc/fotolia; S. 104 u. © picture alliance/United Archives/DEA; S. 105 © AndreasPraefcke/Wikimedia Commons; S. 107 o. © Intrepix/shutterstock; S. 107 u. © Techcollector/Wikimedia Commons; S. 108 o. © Richtl/Wikimedia Commons; S. 108 u. © Mr. Bong/fotolia; S. 109 © Robert Faritsch/fotolia; S. 110 o. © bettina sampl/fotolia; S. 110 u. © eyeCatchLight/fotolia; S. 113, 114 u., 115, 119 u. © tauav/fotolia; S. 114 o. © Kunstverlag Josef Fink, Lindenberg/Allgäu; S. 117 o. li. © VRD/fotolia; S. 117 o. re. © Sven Krause/fotolia; S. 117 u. © Rainer Wolf/fotolia; S. 118 © shorty25/fotolia; S. 119 o. © djama/fotolia; S. 120 o. © Fedor Selivanov/shutterstock; S. 120 u. © bsmurray/fotolia